2022 世界盃 48 屆

序（一）
但就是這種未知
相信會挑起很多球迷的興趣

黃天佑

　　四年前，2018 世界盃，集結足球寫手的各路精英，出版了《世界盃 50 巨星》一書，當時有幸受邀，幫忙介紹了我最欣賞的法國球王席丹（Zinedine Zidane）。四年後，2022 世界盃又來了，大頭的團隊當然不會缺席，就是你現在手上拿著的這本《2022 世界盃足球賽 48 星》。

　　和四年前不同，《世界盃 50 巨星》是和你說歷史，50 大巨星都贏過世界盃，都是史上赫赫有名的一代名將，各路寫手為球迷呈現的是往昔榮光，緬懷巨星風采。今年的《2022 世界盃足球賽 48 星》則是現在進行式，甚至也展望未來，因為 2022 世界盃尚未開打，沒有人知道冠軍是誰，哪位球員將來可以比肩 50 大巨星。

　　但就是這種未知，相信會挑起很多球迷的興趣。你可能會想，是誰值得入選這 48 星？我支持的球隊裡有幾名球員入列？他們有什麼過人之處？他們被選上的理由是什麼？是球技高超還是身價破表？是備受豪門追捧？還是前中後場無所不能？

　　2022 世界盃共 32 隊參賽，今年因為是新冠疫情後的首次世界盃，國際足總開放各隊可以報名 23 至 26 名球員（過往就是 23 人），這表示如果各隊都報滿 26 人，本屆世界盃的球員總數將多達 832 人，而本書只從中挑選了 48 人，難度之大可想而知，不免也會有遺珠之憾。

　　但從我取得目錄的那一刻起，我就已經非常期待看到本書的內容，因為它基本上已經涵蓋了所有可能在今年世界盃發光發熱的球員，無論是成名已久的 C 羅納

度（Cristiano Ronaldo）和梅西（Lionel Messi）、有球王身手只欠頭銜加持的德布勞內（Kevin De Bruyne）和姆巴佩（Kylian Mbappé）、進球如拾草芥的神鋒萊萬多夫斯基（Robert Lewandowski）、亞洲天王孫興慜等熟識的面孔，也不忘介紹近幾年冒起的新秀例如英格蘭福登（Phil Foden）、美國普利西奇（Christian Pulisic）、塞爾維亞弗拉霍維奇（Dušan Vlahović）和烏拉圭努涅斯（Darwin Núñez）等，他們正踩在巨人的肩膀上，極可能就是下一位巨星。

世界盃少不免也有一些冷門球隊取得參賽資格，本書也沒有漏掉，像地主卡達的阿里（Almoez Ali）、摩洛哥的哈基米（Achraf Hakimi）、突尼西亞的梅吉布里（Hannibal Mejbri）和伊朗的阿茲蒙（Serdar Azmoun）等，都是值得認識的各國精英。

說句題外話，談到遺珠，當今足壇最炙手可熱的非挪威前鋒哈蘭德（Erling Haaland）莫屬，他一加盟英超曼城就寫下連 4 場進球，連 2 場帽子戲法，6 場進 10 球的驚人紀錄，可惜挪威未能打進世界盃，只能期望 4 年後的世界盃，可以好好為他寫上一篇。

序（二）
世界足球全民瘋

傑拉德

現代足球，漢朝時叫「蹴鞠」，傳入日本後稱為「蹴」，主要是貴族玩意。「蹴」在場地是 6 至 7 米的方形泥地進行，四角有樹作為界線，通常是櫻樹、柳樹或楓樹，場上共有 8 名球員。球員要盡力把麂皮製成的空心球保持在空中，也可利用樹木反彈，讓皮球彈回場內。

除了計算成功挑球和傳球次數外，若能顯示特別漂亮的踢法也會獲得加分，被視為一項優雅的運動。德川幕府時代到十九世紀，日本文學作品依然會提到「蹴」，奈何明治維新後進入工業化浪潮，世襲貴族大幅減少，自然難以流傳下去，直至二戰末正式消失。

由北半球去到南半球，澳洲維多利亞省原住民族，有種踢球運動名為「Marn Gook」，流傳千年，以露兜樹葉纏繞成球。北美原住民族從前就會玩多種大型隊際球類運動，多數用棒打或腳踢。

蹴鞠真是史上最早的足球運動？在西班牙入侵前，只有在中美洲有會彈跳的球，因為只有中美洲生產橡膠。中美洲的橡膠球可追溯到西元前 1500 年，西元前 1200 年形成了團隊競技運動。球場於大型公共空間或神廟建築的一部分，最大的球場會多出幾層石階容納觀眾，但千年過後，中美洲始終不是球賽強國。

說了那麼多，無非想告訴大家，足球之所以成為世界最受歡運動，早有歷史因素，也相信是人類共同文化的一部份。四年一度的足球世界盃將於 11 月開賽，本屆

東道主是西亞國家卡達，32 支國家隊爭奪足壇最高榮譽。這本由台灣角川製作的球星集，就為大家介紹一下當中的 48 位球星，包括梅西、Ｃ羅等天王巨星，絕對值得廣大讀者珍藏，以作留念。愛足球不分時間長短，天天看球當然好，即便你是四年瘋一次，又何妨？

由蹴鞠到現代足球，決定因素往往不是哪個民族最早開始踢球，也不是哪片土地踢了最久的球，而是看看邁入現代社會時，究竟誰還在踢球？正如世界盃一樣，誰笑到最終，誰就是冠軍。

序（三）
和我一起認識這些明星球員，一起成長　　林煒珽

世界盃足球賽！對我來說，這是多麼親切的六個字，幾乎説它是定義我生涯的六字真言也不為過，因為如果沒有 2002 年的日韓世界盃，我不可能成為球迷口中的生命主播，我也就不是我了。

話説當年的我，只是個三十出頭的體育記者，球賽轉播經驗還很稚嫩，更可怕的是，在美國拿到碩士學位的我，當時幾乎只懂美式運動，對全世界最多人踢、最多人看的足球，我的程度幾乎只是幼幼班。當年代體育組接到世界盃的轉播指令時，所有人幾乎都跳起來，因為當時體育組人手絕對稱不上充足，而且又有台灣職棒大聯盟在手上，同時要執行兩個巨型任務，對體育組每個人都是挑戰。

當時我太菜，排不上棒球班，順理成章地成為世界盃的班底，還要負責在賽前寫寫介紹。我當時大概只聽過羅納度的名字，其他赫赫有名的巨星，如德國鋼門卡恩、西班牙神鋒 Raul 都不認識，為了要介紹三十二支球隊和裡面的球星，我真是上窮碧落下黃泉，在還沒那麼豐富的網路環境中努力搜尋，勉強湊出那些自己都寫得很心虛的新聞帶。這還是小 case 而已。

等到真正播起球來，那才是面對一條完全不認識的怪獸。在資訊爆炸的今天，很難想像在二十年前的網路石器時代，要準備足夠的功課是多麼不可能的任務。我和球評兩邊都對場上的球員陌生，球評老師還能講講戰術，我只能插科打諢，發明些『用生命護球』、『川口能活能活，日本隊就能活』的哏，希望能夠過關。當然，內行球迷把我這種取巧的行徑罵到臭頭，但很多一日球迷反而把我的話聽進去了，

和我一起認識這些明星球員，一起成長。

　　當時如果有類似這本書的東西出現，我應該就能少挨兩句罵，畢竟我都知道這些頂尖球星了，講出來的話也應該不太離譜了吧。如果你是一日球迷，這本書你必看，因為看了之後，雖不能讓你平白多出一甲子功力，但起碼有老師幫你畫出重點，也比較知道方向在哪。

　　這些作者們許多是我交往十多年的老友，對足球的知識和熱情都不在話下，文風通暢，擲地有聲，真可惜晚了二十年才問世。如果當年有你們，我就不會被網路霸凌了。

李維

熱愛足球，十分愛旅行，更愛
談風花雪月，對於生活上的點
滴，喜歡記在文章中，為人樂
觀知足，樂於分享人生的心得。

破風

人到中年，仍愛浪跡天涯，足
跡遍布五大洲，當中特別喜愛
日本，對日本有種特別的感情，
除了旅遊外，懷舊情感，及足
球也是熱愛之一。

派翠克

為人感性，興趣多樣化，包括
足球、攝影、寫作、看電影...等
等，特別喜歡旅行，除了踏遍
台灣各地外，足跡也遍及世界
多個國家。

剛田武

1963年出生於香港，長於香港，
熱愛香港，關心香港的一切，
也常愛談當年，除此之外，也
喜歡足球，現在還經常到球場
奔馳，寶刀未老。

喬齊安

曾任愛爾達體育台球評,目前為百萬部落客、台灣犯罪作家聯會成員與運動作家。已出版七本足球書籍專刊,編輯製作多本本土文學創作獲獎,並售出IP版權改編為電影、電視劇。

鄭先萌 Mango

現任博斯體育台球評、台灣木蘭足球聯賽媒體公關總監,台灣足球發展協會顧問。

曾任足球主義特約作者,愛爾達 2008 奧運足球球評,年代電視、TVBS 世界盃球評,緯來電視台 2010 亞運足球球評,SSU 大專體育運動網足球球評,中視、中天電視台 2015 美洲盃球評、2018 華視世界盃球評、ESPN 及 Fox 體育台球評。

羅伊

年輕時曾效力香港甲組球隊快譯通青年軍,因傷退役來台求學發展,熱愛足球更活躍於台北足球圈!身兼球員和教練,長期為博斯、Eleven Sports 及緯來等運動頻道做職業足球球評。亦曾參與 2018 世界盃足球球評(華視),臉書 Facebook 粉絲專頁 <Roy 羅伊 > 擁有超過 28000 人追蹤。

095 西班牙 - 阿瓦羅 莫拉塔 Álvaro Morata	139 巴西 - 內馬爾 Neymar
098 西班牙 - 佩德羅 Pedri	144 喀麥隆 - 安德烈 奧拿拿 André Onana
101 哥斯大黎加 - 凱洛爾 納瓦斯 Keylor Navas	147 塞爾維亞 - 杜尚 弗拉霍維奇 Dušan Vlahović
105 德國 - 凱 哈弗茨 Kai Havertz	150 瑞士 - 格蘭尼特 扎卡 Granit Xhaka
108 德國 - 托馬斯 穆勒 Thomas Müeller	154 瑞士 - 傑爾丹 沙奇里 Xherdan Shaqiri
111 比利時 - 伊登 阿札爾 Eden Hazard	158 迦納 - 伊亞基 威廉斯 Iñaki Williams
116 比利時 - 凱文 德布勞內 Kevin De Bruyne	161 烏拉圭 - 達爾文 努涅斯 Darwin Nunez
122 加拿大 - 阿方索 戴維斯 Alphonse Davis	165 烏拉圭 - 路易斯 蘇亞雷斯 Luis Suárez
125 克羅埃西亞 - 盧卡 莫德里奇 Luka Modrić	169 葡萄牙 - 布魯諾 費南德斯 Bruno Fernandes
128 克羅埃西亞 - 馬里歐 帕薩利奇 Mario Pašalić	172 葡萄牙 - 克里斯蒂亞諾 羅納度 Cristiano Ronaldo
131 摩洛哥 - 阿計拉夫 哈基米 Ashraf Hakimi	175 韓國 - 孫興慜
135 巴西 - 丹尼爾 阿爾維斯 Dani Alves	180 韓國 - 黃喜燦

剛田武 | 南美洲 厄瓜多共和國

支撐厄瓜多的男人
恩納 瓦倫西亞 Enner Valencia

在赤道線高原地帶建國的厄瓜多，在足球史上並沒有舉世知名的球星。他們能夠在這一屆賽事再次打進決賽圈，更多的是依靠球隊整體戰術。當然身為頭號球星，Enner Valencia 絕對是功不可沒。

在 Enner Valencia 成為厄瓜多國家隊的主力之前，厄瓜多的頭號球星就是前曼聯球員 Antonio Valencia。不過到了 2014 年世界盃的時候，Antonio Valencia 已經年屆 36，進入足球生涯的暮年，再也無法獨力支撐厄瓜多在世界盃應付列強。還好姓氏相同的 Enner Valencia 在這一年初的墨西哥聯賽冒出頭來，踢了 23 場比賽進了 18 球，於是他就成為了厄瓜多的救星。

Enner Valencia 在第一場分組賽就為厄瓜多進球，雖然球隊還是輸給瑞士，他仍然成為球隊

唯一的亮點。然後他在第二場分組賽包辦兩球，協助厄瓜多以 2：1 擊敗宏都拉斯，
拿到在 2014 年世界盃決賽圈的唯一一場勝利。他也以這 3 個進球，成為厄瓜多在世
界盃決賽圈史上進球最多的球員之一。

　　在世界盃的好表現令 Enner Valencia 獲得西漢姆聯的垂青，於是他開始了征
戰英超的路。可是這名踢法偏向傳統南美球員風格的前鋒，在西漢姆聯始終無法獲
得好表現，兩個賽季踢了五十四場聯賽，只進了 8 球，在第一個賽季以一個遠射攻
破赫爾城大門，獲知名記者 Henry Winter 稱為「不可思議的進球」，就是西漢姆聯
球迷對他的唯一好印象。然後在 2016/17 年賽季以租借形式轉投埃弗頓，也是沒能
獲得主力位置，整個賽季只有一個英超進球。

Enner Valencia 經歷了三個英超
失意賽季之後，就回到墨西哥加入美洲
虎隊，第一個賽季就進了 15 球，第二
個賽季在中北美洲冠軍聯賽八場比賽進
了 7 球，協助美洲虎隊打進決賽，可
惜最終失落冠軍。另一方面，厄瓜多在
2018 年世界盃資格賽表現低迷，Enner
Valencia 也只進了 4 球，令他無法率
領球隊打進決賽圈。

在 2020 年夏天，Enner Valencia
再次回到歐洲聯賽，效力土耳其豪門球
隊費倫巴赫，第一個賽季便進了 12 球。
同時他在世界盃資格賽進了 4 球，累計
35 球成為厄瓜多國家隊史上進球最多

的球員，協助球隊再次打進決賽圈。

　　即將踏進 33 歲的 Enner Valencia，預計將會在卡達參與自己最後一次世界盃決賽圈，厄瓜多能否在分組賽擊退卡達、荷蘭和塞內加爾突圍而出，就要看 Enner Valencia 能否重現八年前在巴西世界盃賽場上的風采了。

2022 世界盃 48星

剛田武 ｜ 亞西地區 卡達

來自非洲的亞洲球王
阿莫埃斯 阿里 Almoez Ali

卡達為了配得上世界盃決賽圈地主國的地位，在最近十多年投資了不少資源，甚至從非洲和南美洲歸化球員加入國家隊，終於在 2019 年奪得亞洲盃初見成效。而且歸化兵團當中，還有 Almoez Ali 這個史上唯一在兩大洲國際大賽拿到金靴獎的厲害人物。

說 Almoez Ali 是歸化兵團又不能盡然，因為這名前鋒的爸爸其實是卡達人，只是移居到非洲蘇丹時，跟當地女子結婚，然後在蘇丹生了 Almoez Ali。Almoez Ali 在年幼的時候便已經隨家人回到老爸的祖國卡達居住，而且成為卡達足協的青訓計劃精英成員，從而獲得到比利時球隊 Eupen 青年軍受訓的機會。

19 歲的 Almoez Ali 在奧地利地區聯賽展開職業生涯，為 LASK Linz 二隊踢了四場聯賽便進了 5 球，於是他獲得升上一隊，並在奧地利乙級聯賽獲得上場的機會。在奧地利踢了一個賽季之後，Almoez Ali 就轉到西班牙丙級聯賽球隊利安尼沙文化和體育會隊，雖然踢了十場只進了 1 球，不過也已經成為史上第一名在西班牙聯賽進球的卡達球員了。

經過一個半賽季在歐洲聯賽的磨練，Almoez Ali 在 2017 年 1 月回到卡達，效力換了新名字的老東家 Al-Duhail，而且開始成為卡達國家隊的常規前鋒。到了 2019 年亞洲盃決賽圈，就是 Almoez Ali 一鳴驚人的舞台。在賽前根本沒有太多人認為能夠拿到冠軍的卡達，就是因為 Almoez Ali 和隊友

季踢進了二十二球,成為荷甲金靴獎得主。於是 Memphis 成為當時世界足壇其中一名最獲看好的新星,結果曼聯將他帶到英超賽場。可是不巧的是 Memphis 加盟的是後弗格森爵士年代的動盪紅魔軍團,在各種因素影響之下,Memphis 在曼聯的表現遠遠不及預期,在第一個賽季踢了二十九場聯賽,只進了四球,還要被球迷打上水貨的惡名。與此同時,荷蘭在 2016 年歐洲盃資格賽表現不佳,縱然決賽圈擴軍到二十四隊也沒能參與,Memphis 還因為跟老大哥 van Persie 在訓練的時候打鬥,而被國家隊排除在外。無論是在球會和國家隊層面上,Memphis 都遇上困難。

在曼聯的第二個賽季,Memphis 在球隊更加沒有機會,整個上半賽季只有四次上場機會。於是他決定在 2017 年離開英超豪門,寧願轉投已經淪為歐洲二流球隊的里昂爭取機會,當然有不少球迷因此認為 Memphis 只是成不了大器的流星。還好稍為遠離世界球迷目光之後,Memphis 在法國開始找到當初潛質巨星的本事,雖然沒

能協助里昂打破巴黎聖日耳曼壟斷法國足壇的局面，但他自己在四個半賽季射進63球，也協助荷蘭打進2020年歐洲盃決賽圈。於是Memphis在去年夏天獲得巴塞隆納的邀請，得以再次重返歐洲豪門球隊的行列。

　　這一次回到豪門行列對於Memphis來說是比較幸運，因為他加入的是梅西離開之後，踏進重建期的巴塞隆納，至少外界對這一支巴塞隆納沒有太大期望。於是Memphis在心智和技術都成熟了很多之下，能夠成為巴塞隆納的當家前鋒，在第一個賽季射進11球。而且他在世界盃資格賽第一次大演國際賽帽子戲法，協助荷蘭大勝土耳其，拿到2022年世界盃決賽圈的資格。Memphis的八年國際賽生涯中已經累計39個進球（截至2022年5月），幾乎可以超越Klaas-Jan Huntelaar成為荷蘭史上進球第二多的球員。而且他比進球最多的van Persie只少11個進球，只有28歲的他絕對有機會在未來成為荷蘭史上首席射手。

羅伊 | 西歐 荷蘭

三十歲的大賽超級新秀
維吉爾 范迪克 Virgil van Dijk

Virgil van Dijk 可以說是現今世界足壇公認最強後衛之一，不過 2022 年世界盃決賽圈，竟然是這名已經年屆 31 歲的老將，即將參與第一次國際大賽的決賽圈，也很可能是他唯一一次能夠在世界盃大舞台證明自己的機會。

為什麼 Virgil van Dijk 到了「一把年紀」才踢世界盃呢？原因是他在之前遇上太多的不幸。他並非出身於荷蘭三大豪門球隊，雖然跟一代名將 Arjen Robben 一樣在格羅寧根出道，但踢兩個賽季就去了蘇格蘭豪門球隊塞爾提克。雖然 Virgil van Dijk 協助塞爾提克拿到蘇超十一和十二連霸，他也當選了蘇格蘭足球先生，由於當時蘇超強權格拉斯哥流浪者降級到低級別聯賽，塞爾提克在沒競爭之下幾乎每年都拿冠軍，同時卻在歐冠連分組賽都打不進，所以無論 Virgil

van Dijk 在蘇格蘭拿到多少榮譽，都沒什麼人當作一回事。

　　Virgil van Dijk 在蘇格蘭沒人鳥這回事不是筆者亂說的。因為當他終於獲得同樣來自荷蘭的領隊 Ronald Koeman 賞識，在 2015 年將他從蘇格蘭帶到英超球隊南安普頓之後，就立即成為球隊的後防核心，踢了英超一個多月便獲得荷蘭國家隊第一次徵召，開始成為荷蘭隊的後防大將。可惜荷蘭隊在 2014 年世界盃拿到季軍之後就遇上低谷，竟然接連在 2016 年歐洲盃和 2018 年世界盃資格賽出局，Virgil van Dijk 就算在英超踢得多好，也始終無法在國際大賽舞台亮相。

　　到了 2018 年 1 月，利物浦看中了 Virgil van Dijk，並以盛傳是七千五百萬英鎊，屬於打破世界足壇後衛的轉會費紀錄身價，把他從南安普頓帶到利物浦。這個一直只在英超保級隊踢球的人竟然花了紅軍這麼多錢，所以不少紅軍球迷也質疑球會是否做了冤大頭。不過 Virgil van Dijk 第一次為利物浦上場就令紅軍球迷大叫放心了，因為他在第一場比賽就進球協助利物浦擊敗埃弗頓，成為一百多年來第一個首次出戰德比戰就進球的利物浦球員。然後更協助利物浦過關斬將衝進歐冠決賽，雖然敗在皇家馬德里腳下，但也當選歐冠最佳陣容。

　　在利物浦站穩陣腳之後，Virgil van Dijk 還協助利物浦拿到 2018/19 年賽季英超亞軍，而且率領球隊奪得第六次歐冠錦標，他不單是決賽的最佳球員，也當選了該賽季的英格蘭球員先生，以及成為目前為止唯一一個拿到歐洲足球先生的後衛，而且到了年終的金球獎，也僅次於梅西屈居第二名。Virgil van Dijk 在 2019 年可以說是萬千榮譽在一身。

　　Virgil van Dijk 在 2020 年夏天還率領利物浦拿到第一次英超錦標，遺憾的是因為肺炎疫情令聯賽在最後時刻只能閉門比賽，在無觀眾的見證下舉起獎盃。而且更加不幸的是，雖然荷蘭拿到 2020 年歐洲盃決賽圈資格，可是 Virgil van Dijk 卻

在 2020 年末開始因傷缺席,為了保持最佳狀態出戰 2021/22 年賽季,Virgil van Dijk 只能放棄出戰 2020 年歐洲盃決賽圈。

由於到了世界盃決賽圈的時候,Virgil van Dijk 已經 31 歲,就算後衛的黃金期比較長,在 35 歲時能否再出戰另一次世界盃是很大的疑問。所以他肯定會好好把握這次機會,協助荷蘭再攀高峰。

2022 世界盃 48 屆

喬齊安　西非 塞內加爾

奔如迅雷的雄獅利爪
薩迪奧 馬內 Sadio Mané

數年前 Sadio Mané 在利物浦已贏得歐洲冠軍，也助隊重奪失落 30 年的英超錦標，同時榮獲非洲足球先生的榮譽，更在 2022 年迎來職業生涯最偉大時刻。年初在非洲國家率領塞內加爾擊敗了紅軍戰友 Mohamed Salah 領軍的埃及取得冠軍，這是特蘭加雄獅史上第一次奪下非洲國家盃冠軍，再挺進 2022 年卡達世界盃的甜美一年。

無論是：「願意把在利物浦的所有頭銜，拿來換取非國盃冠軍」的賽前表態，或是捧盃後「這是我生命中最美好的一天，也是我生命中最好的獎杯。」的發言，都可以見到 Mané 為國爭光的決心，以及 5 年遺憾的圓滿救贖。

2017 年非洲國家盃的八強賽中，與當年冠軍喀麥隆激戰到 PK 戰，雙方前四名球員全數將球罰進，但第五點的 Mané 失手了，塞內加爾人民的憤怒超出了應有的界線，襲擊 Mané 的老家、破壞了車子等物品。即便他們的王牌球員以哭泣謝罪也不罷手，足球就是如此殘酷，有過這樣的經歷，也難怪場上表現已無須證明什麼的 Mané，仍具備如此飢渴的奪冠動力。

與許多來自非洲的小球員一樣，Mané 貧窮的家境讓他根本沒有辦法上學，他的家人賣掉農場的所有作物，才籌備出讓他去足球學校學習的資金，他被評價為隊上最窮、卻也最有天賦的新星。家人本來仍對 Mané 是否能成為職業足球員抱持懷疑，但他很快就被法甲的梅斯球探挖掘，在思鄉情中穩定的成長茁壯，22 歲便登陸

28

世界最高水準聯賽的英超，
2015 年在南安普頓以短短
的 176 秒內完成帽子戲法，
至今仍是英超未被打破的
最快戴帽紀錄。

　　隔　年，Mané 以　當
時最高非洲球員轉會身價
加盟利物浦，在 Jürgen
Klopp 麾下的 Mané 躍居
為世界頂級球星。Klopp
要求大量奔跑與搶斷的戰
術，與 Mané 的鬥心是天作之合，他的體能與速度不僅體現在進攻上，如果丟了球，
會以更兇猛的態度將球反搶回來，同時 Mané 絕非無腦的衝刺，他跑位聰明、能射
能傳、與左後衛 Andrew Robertson 傳切配合
流暢，甚至有衝搶頭球頂進球門的能耐，全方
位的技術無可挑剔。

　　這甜美的一年尚未劃下休止符，Mané
仍期盼帶著塞內加爾爭取更大的榮耀，就像當
年啟蒙還是個孩子的他愛上足球的高光時刻：
2002 年韓日世界盃那支由 Diouf 領軍，首度
闖進世界盃會內賽就戰勝衛冕軍法國的西非大
黑馬一樣，寫下奇蹟。

剛田武　| 西亞 伊朗

球場上的新波斯王
薩達爾 阿茲蒙 Serdar Azmoun

　　Sardar Azmoun 擁有非常厲害的把握進球和後上進攻的能力，不過他在 9 歲的時候才第一次踢球，而且是跟本身是土庫曼裔的雙親回故鄉的時候才接觸足球。自此開始恆常參與足球運動，由於他的運動天分很高，所以在求學的時候，曾經是足球和排球雙線發展，甚至更曾經代表過伊朗 U15 排球隊參加比賽。當然他後來還是選擇成為足球員，而且在跟 Sepahan 隊青年軍到土耳其比賽的時候，成功吸引很多歐洲球隊注意。最終俄羅斯球隊喀山魯賓成為贏家，於是 Azmoun 沒在伊朗職業聯賽踢球，就直接去了俄羅斯出道。

　　在俄羅斯的第一個賽季，只在預備隊上陣，偶爾才在成年隊替補席上待命，可惜沒上場機會。直到第二個賽季終於在成年隊獲得機會，他在歐足聯歐洲聯賽踢了第一場職業賽事，還在對挪威球隊莫迪的比賽取得第一個職業賽進球。爾後他在俄超聯賽也有上場機會，也因此獲得伊朗國家隊徵召，甚至入選 2014 年世界盃決賽圈的初選名單，可惜最終沒有入選到巴西比賽。

　　在俄超第三個賽季，他被外借到保級球隊羅斯托夫，不過他把握機會跟球隊一起進步，在自己贏得主力位置同時，還協助羅斯托夫拿到歐冠參賽資格，在 2016 年 11 月輸給馬德里競技的歐冠賽事，射進他在歐冠比賽的第一個進球，這也是十一年來再次有伊朗球員在歐冠分組賽進球。兩個多星期之後，對拜仁慕尼黑的比賽再次進球，還協助羅斯托夫以 3：2 獲得球會史上第一場偉大的歐冠勝利。

　　Azmoun 一直都是西歐媒體的炒作對象，他的名字經常被媒體列在西歐豪門的收購名單當中。不過他一直選擇留在俄羅斯發展，在 2017 年他回到喀山魯賓，兩年後獲得近年稱霸俄羅斯的澤尼特賞識，於是每個賽季都能夠在歐冠賽事亮相，在2019/20 年歐冠分組賽，他再次打進兩球，令他超越 Daei 和 Mahdavikia 兩名前輩，成為歐冠史上進球最多的伊朗球星。

在國家隊層面上，雖然 Azmoun 無緣參與 2014 年世界盃決賽圈，不過在那一屆賽事之後，他就擔綱伊朗隊的主力前鋒，在 2015 年亞洲盃決賽圈射進兩球。然後 2018 年世界盃決賽圈，已經在歐洲成名的他也是伊朗隊的領軍人物，可惜伊朗無法在分組賽晉級，他也沒有進球。在比賽期間令人失望的表現，導致他成為伊朗球迷批評的目標，球迷的批評甚至令 Azmoun 的母親患重病。於是 Azmoun 一怒之下在世界盃之後退出國家隊，這時他只有 23 歲。還好在半年之後，他決定在國際賽復出，重返國家隊出戰 2019 年亞洲盃決賽圈，以 4 個進球帶領伊朗拿到季軍，之後也協助伊朗搶下 2022 年世界盃決賽圈的晉級資格。

2022 年 1 月，Azmoun 終於決定離開俄羅斯，他的下一站是德甲球隊勒沃庫森。在第一個德甲賽季，先從輪換球員的身分開始。他在半個賽季之中有 9 次上場機會，當中只有 4 次是正選上陣，在大勝降級球隊菲爾特的比賽取得第一個入球，也是這個賽季唯一的德甲進球。也許在新賽季的德甲，Azmoun 能爭取更多上場機會，在更高水平的德甲賽事以及歐冠分組賽繼續磨練自己，令自己以最佳狀態在 2022 世界盃為伊朗爭取在分組賽第一次突圍而出。

破風 ┃ 西歐 威爾斯

集氣為威爾斯踢球的大聖爺
加雷斯 貝爾 Gareth Bale

　　Gareth Bale 雖然還是 33 歲，不過大家已經認識他很久了，他在球場飛奔的身形，好像是一個世紀之前發生的事。的確 Bale 近年和皇家馬德里的關係鬧得很不愉快，成為不少球迷恥笑的「薪水小偷」和「摸魚翹楚」，不過只要他回到威爾斯代表隊，縱然已經沒有在托特納姆熱刺時代，以及皇馬初期那種在球場左路獨霸天下的氣勢，仍然可以令威爾斯在兩屆歐洲盃決賽圈揚威。於是令皇馬名宿 Predrag Mijatović 公開揶揄 Bale 的人生先後次序是「威爾斯，高球，皇馬」，威爾斯代表隊職球員也不甘示弱，在 2019 年一場比賽之後也舉起印上這一名句的區旗聲援 Bale 以作反擊。

　　或許 Bale 近年在球會級賽事的乏力，確實跟他和皇馬的關係大不如前有很大的關係，至少在 2020/21 年賽季，皇馬終於按捺不住，把他借給熱刺的時候，Bale 也能夠把握機會，在二十場英超賽事射進 11 球，若非熱刺覺得要花重金回購他不划算，而故意在賽季末段將他束之高閣，相信 Bale 能夠在熱刺做出更多貢獻。

　　Bale 在今年夏天終於離開皇馬，而且轉戰美職聯的洛杉磯 FC，跟 Giorgio

Chiellini 和 Carlos Vela 等球星在新天地重新開始，對他來說也應該是有百利而無一害，過去跟皇馬的種種恩怨，也可以告一段落了。

因此要回顧 Bale 近年的足球路，還是只說在威爾斯代表隊的一方就夠了。Bale 在 2006 年第一次為威爾斯上場，當時他年僅 16 歲，還在南安普頓青年軍踢左後衛的時候，於是他成為威爾斯史上代表成年隊上場最年輕的球員。後來在南安普頓和熱刺逐步成長，從左後衛變為全能左翼鋒，令威爾斯代表隊也因此得益。直到 2016 年歐洲盃資格賽，射進 7 球，協助威爾斯挺進決賽圈，是自 1958 年世界盃之後國家再次打進大賽決賽圈。

到了決賽圈，Bale 在對斯洛伐克和英格蘭兩場分組賽都以直射罰球建功，然後在對俄羅斯一戰再有進球，協助威爾斯在分組賽晉級。在十六強，Bale 以一個傳中令對手擺烏龍，成為威爾斯淘汰北愛爾蘭的功臣。最後威爾斯殺進四強，創造他們足球史上的最高成就，Bale 和 Aaron Ramsey 等隊友被稱為威爾斯的黃金一代。

雖然 Bale 沒能率領威爾斯進入 2018 年世界盃決賽圈，不過在 2018 年到中國參加四角賽的時候，在大勝中國隊一戰上演帽子戲法，也令他以 29 個進球，超越名宿 Ian Rush 躍居威爾斯隊史上進球最多的球員。在 2020 年歐洲盃分組賽再接再厲打進決賽圈，Bale 在資格賽對克羅埃西亞一戰的進球，令球隊取得和局，成為能夠再次晉級的關鍵。他在 2020 年歐洲盃決賽圈沒有進球，不過仍然在第二場分組賽兩次送上助攻，成為球隊擊敗土耳其，得以闖進十六強賽的關鍵。

在今年世界盃資格賽，Bale 的表現相當低迷，只在擊敗白羅斯一戰大演帽子戲法，其餘比賽都沒

有進球。不過卻在附加賽及時挺身而出，先是在四強戰梅開二度，協助威爾斯以 2 : 1 淘汰奧地利，然後在決賽對烏克蘭，Bale 主罰自由球，皮球擊中對手的 Yarmolenko 改變方向而進了球門。結果威爾斯就以這個進球，結束了六十四年的世界盃決賽圈等待，Bale 再次於關鍵時刻成為威爾斯的民族英雄。

在威爾斯代表隊層面上，Bale 無疑被認可為超越了 Giggs 的史上第一球星。這次世界盃決賽圈相信是他唯一一次可以踏上足球最高舞台的機會，「威爾斯至上」的 Bale 相信會把這次世界盃當作是足球生涯最後的挑戰，讓大家可以在卡達的球場上欣賞久違的「大聖歸來」。

剛田武 ｜ 北美洲 美國

最昂貴的美國隊長
克里斯蒂安 普利西奇 Christian Pulisic

也許是因為來自球風華麗的克羅埃西亞，Christian Pulisic 的球技也跟祖輩的球星一樣好看。Christian Pulisic 雖然成長於美國，但他的球技很快就被歐洲球隊賞識，在 11 歲的時候就獲邀到切爾西青年軍參與訓練，四年後他還是中學生，卻已經獲得多特蒙德的青年軍合約，2015 年 2 月加入多特蒙德 U17 青年軍，半年後就跳級到 U19 隊，而且踢了十五場比賽就進了 10 球和助攻 8 次，簡直就像漫畫《足球小將翼》的主角大空翼在巴薩青年軍火速征服教練團的情節一樣。

結果在 2016 年 1 月的冬歇期，只有 17 歲的 Pulisic 就獲提拔上成年隊，他把握機會在熱身賽以表現折服教練團，從此他就成為球隊一員，在 4 月取得第 1 個德甲進球，協助多特蒙德擊敗漢堡。這個進球令他成為德甲史上最年輕的非德國人進球者，那時他的年齡是 17 歲 212 天。

隨著球技愈來愈成熟，在多特蒙德的地位愈來愈重要，2017 年 3 月在十六強擊敗本菲卡一戰射進歐冠第 1 球，令他以 18 歲 5 個月 11 日年齡成為多特蒙德在歐冠的最年輕進球球員。然後在同一年的 5 月，也協助多特蒙德奪下德國盃，是他在職業賽的第一個錦標。對於 Christian Pulisic 來說，多特蒙德和德甲的舞台太小了，所以在 2019 年 1 月，以五千八百萬英鎊轉會「回到」切爾西，這個身價令他成為史上轉會費最高的美國足球員。

Christian Pulisic 雖然已加盟切爾西，不過他仍以租借身分留在多特蒙德完成 2018/19 整個球季，下半年的 2019/20 賽季，他終於正式登陸英超，而且很快就證明自己的能力。在 2019 年 10 月的英超賽事以左腳、右腳和頭球各進一球，完成他職業生涯的第一個帽子戲法，也令他成為切爾西在英超史上最年輕的帽子戲法球員。然後在 2019/20 年賽季的後半段，他以進球協助切爾西擊敗曼城，間接造就利物浦拿到英超冠軍。而在這一賽季的英格蘭足總盃決賽，Pulisic 進球為切爾西領先，令他又成為第一個在足總盃決賽進球的美國人，可惜後來他受傷離場，切爾西也反勝

為敗失落錦標。

　　到了 2020/21 年賽季，Christian Pulisic 獲得切爾西 10 號球衣加身，更加確立他的核心地位。雖然他在這賽季合共只進 6 球，不過在歐冠四強發揮非常重要的作用。他在首回合進球協助切爾西作客以 1：1 打平皇家馬德里，然後在次回合助攻給 Mason Mount 進球，協助切爾西擊敗皇馬打進決賽。他是第一個在歐冠決賽上陣的

美國人，最終切爾西擊敗曼城奪冠，Pulisic 更當上史上第二個拿到歐冠錦標的美國人（第一個是多特蒙德的前輩 Jovan Kirovski，不過沒有在決賽上場）。

國際賽方面，Christian Pulisic 本來可以代表克羅埃西亞上場，不過他仍然決定代表出生地美國參賽。美國在 2018 年世界盃決賽圈爆冷缺席，Pulisic 因此在四年前失去亮相足球最高舞台的機會。世界盃失利之後，Pulisic 成為美國隊的核心，而且在 2018 年 10 月開始成為隊長，以 20 歲 63 天的年齡成為史上最年輕的美國隊長。

到了 2021 年，Pulisic 在中北美國家聯賽決賽加時階段射進致勝球，協助美國擊敗墨西哥，拿到他第一個國際賽錦標。然後在世界盃資格賽射進 6 球，包括今年 3 月對巴拿馬繳出職業生涯的第二次帽子戲法，協助美國重返世界盃決賽圈。

剛田武　｜　西歐 英格蘭

英倫第一中鋒候補
哈利 凱恩 Harry Kane

　　Harry Kane 現在是托特納姆熱刺的隊長和當家中鋒，相信當他 8 歲加入兵工廠青年軍的時候，應該從來沒想過今天的自己達到的成就。當初他在兵工廠還不到一年就已經被放棄，因為教練覺得他有點胖，不太像運動員。還好這個小胖子沒有放棄自己，於是他決定去熱刺青年軍碰運氣，卻連入隊的機會都沒有。

　　之後 Harry Kane 就去了另一支倫敦球隊沃特福德的青年軍找機會，這一次終於成功了，而且在一次對熱刺的比賽大顯神威，於是熱刺就把他挖過來。最初他還是沒有太多機會，不過到了青春期的時候，小胖子 Harry Kane 卻突然長高了很多，而且被發掘到進球潛能，讓他從進攻中場轉任為中鋒，他開始成為熱刺青年軍的亮點。

　　到了 2010 年，17 歲的他拿到第一份職業球員合約，但他首先外借到其他低級別球隊。可惜在職業生涯的最初幾年都沒能有好的表現，雖然擁有 188 公分身高，卻顯得腳法笨拙，還經常浪費黃金進球良機，無論是在英甲聯賽的萊頓東方、英冠聯賽的米爾沃、萊斯特城以及英超的諾里奇，他的表現都跟未來英倫首席中鋒名號有很大差距，在外借的三個賽季，他只有 14 個進球。而且在 2013 年夏天代表英格蘭參加 U20 世界盃決賽圈，三場分組賽只有 1 個進球，也令英格蘭在分組賽就出局。於是 Harry Kane 淪為球迷的笑柄，說他是空有高大身材的廢物。

　　踢完 U20 世界盃之後，正式留在熱刺，不過第一個賽季也是踢得不怎麼樣。還

好經過一個賽季的磨練，在 2014/15 年賽季突然開始大爆發，整個賽季進了 21 球，跟 Teddy Sheringham 和 Jürgen Klinsmann 等名宿並列為英超賽季進球最多的球員，跟以往大而無當形象完全是換了一個人，也為他贏得英格蘭年度最佳球員獎項。而且在 2015/16 年賽季，Harry Kane 進一步轟進了 25 球，第一次榮獲英超金靴獎。於是 Harry Kane 在 2015 年開始重返英格蘭代表隊，可是進了代表隊，他在最初也是不太順利，兩年 17 場國際賽只進了 5 球，而且在 2016 年歐洲盃決賽圈竟然完全無法進球。

還好回到熱刺還是繼續進球，在 2016/17 年賽季射進 29 球，率領熱刺拿到史

上最佳的英超亞軍成績，他也蟬聯英超金靴獎。這樣的好狀態在整個 2017 年持續著，Harry Kane 在 2017 年攻進 39 個英超進球，超越名宿 Alan Shearer 成為有史以來一年內英超進球最多的球員，連同其他比賽，他在這一年進了 56 球，打破了之前 Lionel Messi 和 Cristiano Ronaldo 壟斷了七年的歐洲單年進球最多球員的紀錄。

而在 2017/18 年賽季，Kane 達標至今個人職業生涯最高的 30 個英超進球，卻反而沒能完成金靴獎三連霸。還好他把最佳狀態帶進世界盃，在 2018

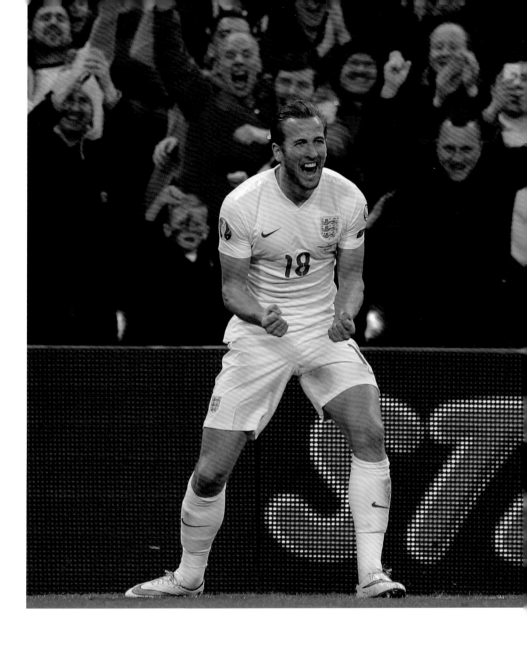

年世界盃決賽圈進了 6 球，包括對巴拿馬一戰大演帽子戲法，不單是協助
英格蘭繼 1990 年之後再次拿到殿軍，而且成為 Gary Lineker 之後第二名
榮膺世界盃金靴獎的英格蘭球員。

　　Harry Kane 選擇以行動打破這些外界的質疑，在 2019 年為英格蘭進
了 12 球，然後在 2020/21 賽季以 23 個進球，拿下他第三座英超金靴獎獎座。

他同樣把良好狀態帶進歐洲盃決賽圈，這一次 Harry Kane 不再只是弱旅殺手，雖然在分組賽沒有進球，卻在十六強賽對德國，八強賽對烏克蘭和四強賽對丹麥都有關鍵進球，率領英格蘭第一次殺進歐洲盃決賽。可惜 Harry Kane 沒能在決賽建功，最終屈指亞軍，不過也已經是英格蘭在歐洲盃的最佳成績了。

在去年的歐洲盃之後，Harry Kane 因為沒能轉會到曼城，令他在賽季初段表現不佳，但他在去年仍為英格蘭進了 16 球，在 2021/22 年賽季也能進 16 個英超進球，保持著世界頂級中鋒的實力。在六月的國際賽之前，Harry Kane 已經累計 49 個國際賽進球，距離英格蘭首席前鋒 Wayne Rooney 只有 4 球，相信他在世界盃決賽圈開始的時候，就將當上英格蘭史上進球最多的前鋒，為三獅軍團爭奪第二次世界盃冠軍衝鋒陷陣。

剛田武　西歐 英格蘭

新一代英倫天才
菲利普 福登 Phil Foden

Phil Foden 是位幸運的年輕人，因為他從小就是曼城球迷，由於擁有超凡球技，所以早早如願成為愛隊的青年軍成員，也在各個年齡層的英格蘭青年軍擔綱核心球員。2017 年夏天，剛剛渡過 17 歲生辰的 Foden 跟隨成年隊到美國參與季前賽，而且把握上陣機會展現自己的天分，令領隊 Josep Guardiola 在接下來的英超賽季算上他一份。

小伙子代表英格蘭出戰 2017 年 U17 世界盃決賽圈，他在這一屆賽事射進 3 球，包括在決賽梅開二度，協助英格蘭以 5：2 大勝西班牙，為英格蘭拿到第一次 U17 世界盃冠軍，他也當選為賽事 MVP，一出道就成為世界冠軍了！

拿到 U17 世界盃冠軍獎牌之後，Foden 開始獲得曼城重用。他在 2017 年 12 月成為歐冠史上最年輕的先發英格蘭球員，也是歐冠史上第一個在二十一世紀出生的正選球員，翌年，再成為歐冠淘汰賽最年輕的先發英格蘭球員。他在 2017/18 年賽季也獲得五次英超上場機會，雖然沒有進球，卻也當上史上最年輕的英超冠軍球員。

到了第二個職業賽季，已經是曼城的常規輪換球員，在聯賽盃、足總盃和歐冠都取得進球，而且在歐冠射進沙爾克 04 的進球，更加令他成為歐冠淘汰賽史上最年輕的英格蘭進球球員。到了 2019 年 4 月，Foden 在英超獲得第一個進球，就是這個進球協助曼城擊敗托特勒姆熱刺，協助曼城在這賽季登頂史無前例的英格蘭四冠

王！

　　在第三個賽季，Foden 持續進步，雖然曼城在這個賽季衛冕英超失敗，球隊亮點也不多，Foden 是例外。因為這名還沒到 20 歲的小伙子，在聯賽盃決賽協助曼城衛冕成功，他也成為最年輕的聯賽盃決賽最佳球員，在整個賽季合共進了 8 球和

助攻 9 次。2020 年 9 月，Foden 終於獲得英格蘭代表隊的徵召，在歐洲國家聯賽作客冰島一戰獲得第一次上陣。可是這一次國際賽成為 Foden 球員生涯的第一個污點，他和年輕隊友 Mason Greenwood 被揭發違反防疫規定，在冰島擅自離開飯店，因此被英格蘭足協懲罰。還好相比起 Greenwood 往後的自我沉淪，能夠汲取教訓，在兩個月後的歐國聯賽對冰島的比賽一雪前恥，取得第 1 個和第 2 個國際賽進球，

協助英格蘭大勝一場。

　　經過挫折後變得更強，2020/21 年賽季合共取得 16 個進球，Foden 是曼城重奪英超冠軍的功臣，還在歐冠四強賽次回合送上助攻，協助曼城淘汰巴黎聖日耳曼，第一次打進歐冠決賽，可惜最終輸給切爾西，也是他第一次在決賽輸球，算是職業生涯第二個挫折。不過這樣也沒有阻止他當選這一個賽季的雙料英格蘭最佳年青球員獎。

　　Phil Foden 的成長氣勢完全擋不住，英格蘭代表隊領隊 Gareth Southgate 自然也無法抗拒地把他帶進去年的歐洲盃決賽圈大軍。Foden 在這一屆決賽圈故意把頭髮染成白色，表明是向 1996 年歐洲盃的 Paul Gascoigne 致敬。可惜他在這一屆比賽表現不算很好，在第一和第二場分組賽獲得先發機會也沒能踢滿全場，然後就失去了位置，到四強賽加時階段才獲得替補上場機會。雖然英格蘭打進決賽，他也沒能上陣，對於 Phil Foden 來說，歐洲盃算是第三個挫折。

　　還好在歐洲盃之後，逐漸站穩英格蘭代表隊的主力位置，還繼續在各項賽事為曼城建功，在各項賽事取得 14 個進球，協助曼城再次衛冕英超成功，21 歲就已經拿到十一個冠軍。2022 年世界盃決賽圈將是 Foden 參加的第一次世界盃，既是自己雪恥的好機會，也是爭取攻頂真正的世界冠軍的時候。

派翠克 | 西亞 沙烏地阿拉伯

波斯灣超級飛翼
薩利姆 阿爾 多薩里 Salem Al Dawsari

「綠色雄鷹」沙烏地阿拉伯多年來一直是亞洲勁旅，但卻未能在四年一度的世界盃舞台取得突破性成績，本屆決賽圈留在西亞算是有「半主場」之利，會不會有令人喜出望外的表現？前線進攻泉源 Salem Al Dawsari，勢成其中一個關鍵人物。

1991 年 8 月 19 日出生的 Al Dawsari，自小已加入當地豪門艾希拉（Al-Hilal）受訓，2011 年升上一線隊，首個賽季披甲 30 場，踢進 4 個進球，同年晉升為大國腳。

他擔任翼鋒，身高 173 公分，盤帶能力出色，敵人往往被其出奇不意的動作擺脫，迄今已為國家隊上陣 65 場，踢進 17 球。他既能單騎直進危險區域，也能為隊友製造進球，作用舉足輕重。

作為年輕球員，他經常以新潮的髮型示人，進出球場時帶著 Gucci 背包更是其標誌，但出道以來也一直效力艾希拉，除了 2017/18 賽季。那個賽季，因沙烏地阿拉伯足球足總和西甲達成合作協議，他是「交流生」之一，被租借到黃色潛艇比亞雷亞爾，曾遇上銀河艦隊皇家馬德里，更有機會與當時兩位巨星 Gareth Bale 和 Cristiano Ronaldo 同場較技。可惜，那場也是他唯一一場上陣的比賽。

Al Dawsari 曾經年少輕狂，在國內德比戰對 Al-Nassr 上嘗試用頭撞向裁判，賽後被罰款一個月薪水，此後個人紀律比之前明顯改善。艾希拉在 2019 年和 2021 年成為亞冠聯盟主，他是進攻核心，2021 年更榮膺亞冠聯最佳球員，甚至被視為同年亞洲最優秀球員，奈何亞洲足聯因新冠肺炎而取消頒獎禮，導致當選亞洲足球先

生的美夢落空。

世界上最大的空間就是進步空間，沙烏地阿拉伯足球在多屆世界盃苦無突破，其中一個原因是打法我行我素，從不會因應不同對手而作出改變；另一原因是，國內有能力的球星受到歐洲聯賽青睞，也缺乏「走出去」的誘因（沙烏地阿拉伯聯賽薪水很高），Al Dawsari 曾獲國外球隊報價，但最終不了了之。

去年 12 月，艾希拉開出三年合約與「超級飛翼」續約，年薪達 350 萬美元，試問哪個打工族會選擇離開？

沙烏地阿拉伯足球史上有兩大足球「聖像」，分別是 Sami Al-Jaber 和 Majed Abdullah，Al Dawsari 想超越前輩的地位，恐怕不太可能。然而，若他在卡達與中前場搭檔 Saleh Al-Shehri 和 Firas Al-Buraikan，延續近年在國家隊的表現，甚至率領「綠色雄鷹」突破 1994 年世界盃打進十六強的最佳成績，或許有望成為國民英雄。

鄭先萌 ｜ 東歐 波蘭

當世第一中鋒
羅伯特 萊萬多夫斯基 Robert Lewandowski

　　2022 年 1 月 18 日，國際足總的年度頒獎典禮中，Robert Lewandowski 擊敗 Lionel Messi 和 Mohamed Salah，連續兩年當選年度最佳男足球員，也就是世界足球先生。他是自 2008 年之後 (含 2010~15 年與金球獎合併)，第二位 (首位是 Luka Modrić) 非 Cristiano Ronaldo 和 Lionel Messi 的世界足球先生，也是首位非皇馬、

巴薩的球員，更是 08 年之後，除了梅西、C 羅外，唯一一位兩度獲獎的球員，這也確立了 Robert Lewandowski 的「當世第一中鋒」的地位。

足球潮流總是峰迴路轉，2010 年後，在前線甚至禁區內討生活的傳統中鋒球員逐漸式微，自 Zlatan Ibrahimović 之後，已鮮有中鋒能有球王級表現，近年來的最強進球機器如梅西、C 羅、Mohamed Salah 也非典型中鋒。Robert Lewandowski 不僅具有傳統中鋒能以強壯身體在前線討生活的特質，傳、控、射均屬超群，定位球、盤帶也難不倒他；而 Lewy 的內在因素讓其表現更強大，來球的判斷、球場的空間感、戰術的掌握度、以及自身技巧的使用，他總是能運用自如，再加上冷靜個性和高度自律，讓 Lewandowski 能穩定盤據德甲、歐冠射手榜前列多年，進而成為「後梅羅時代」的第一人。

從波蘭聯賽、多特蒙德、到拜仁慕尼黑，進球永遠伴隨著 Lewandowski。在大黃蜂時代，曾在歐冠準決賽對皇馬上演大四喜，幫助俱樂部挺進歐冠決賽；在拜仁時代，Lewy 幫球隊完成德甲十連霸、以及 19/20 賽季六冠王的偉業，個人方面，聯賽替補 9 分鐘完成五福臨門，打破轟炸機 Gerd Müller 紀錄的德甲單季 41 進球，這些數不清的神蹟，再加上德國足球先生、歐洲足球先生、兩屆世界足球先生等榮譽，讓 Lewandowski 的職業生涯璀璨無比，也讓他三度入選波蘭年度運動員、成為國家頭號英雄。

Lewy 也隨著俱樂部的表現逐漸成為國家隊領袖，他繳出史上最多的 76 個進球，讓波蘭從 2016 年之後，就沒有缺席過世界盃和歐國盃。波蘭球迷們都期待他能追上 50 年前的 Grzegorz Lato、在世界盃攻進 10 球的神勇表現，幫白紅軍團重返兩屆世界盃第三、奧運金銀牌的榮耀時代。但足球終究是團隊運動，即使擁有超級前鋒，若沒有一群球星隊友相助，波蘭依舊難以挑戰大賽冠軍。也因此，Lewy 的波蘭很難像 C 羅的葡萄牙、梅西的阿根廷一樣，成為世界盃的奪冠熱門，不過，若是

Lewandowski 在夏季轉會到巴塞隆納後，能保持穩定狀態，還是有機會看到他用進球率領波蘭、一步一腳印地往重返榮耀之路邁進。

派翠克 | 南美洲 阿根廷

老天使最後飛翔
安赫爾 迪馬里亞 Ángel Di María

2022 年，對他是人生的分水巔，一來要離開情定七載的法甲豪門巴黎聖日耳曼，二來會在卡達世界盃後脫下阿根廷戰袍。歲月催人，34 歲翼鋒 Ángel Di María 由「小天使」變成「老天使」，當我們看著他老去，也意味青春也一同逝去。

年幼時，Di María 已是異常活躍的小孩（有可能是過度活躍症患者），3 歲時獲醫生建議參加足球比賽，自此踏上「綠茵天使」之路，4 歲多被羅薩里奧球探帶到青年軍，「轉會費」為 35 個足球！因家境貧窮，他是一個顧家的男孩，曾為父母和兩個姊妹去煤炭場找工作，成為職業球員後，亦把大部分薪水作為家用，甚至在轉投葡超本菲卡後，給家人購買新房，讓父親安享晚年。

他在 U20 世界盃嶄露頭角，2007 年由羅薩里奧加盟本菲卡，三年後以 2500 萬歐元加盟皇家馬德里，上陣 190 場，貢獻 87 個助攻。「小天使」在西甲發展順利，但卻在 2014 年一意孤行，以 6000 萬英鎊加盟英超豪門曼聯，打破當時英超轉會紀錄，更穿上象徵球隊標誌的 7 號球衣。萬萬料不到，他會變成後爵爺時代最差轉會之一，甚至被時任主帥 Louis van Gaal 貶到替補席。

短短一個賽季，Di María 意興闌珊，遂以 4400 萬英鎊轉投法甲新貴巴黎聖日耳曼，首場比賽便送出助攻，9 月份歐冠便踢進處子進球，再次張開翅膀，在法甲翱翔萬里。轉眼七年，他出賽 295 場，射入進 92 球，貢獻 112 個助攻，進攻效率相當驚人。

　　Di María 與生俱來有大賽命，由 U20 世界盃、奧運金牌到 2021 年美洲盃，國際賽屢獲重要錦標；球隊方面，由葡超、西甲到法甲等冠軍近 30 個，意味在歐洲足壇 16 個賽季以來，平均每個賽季抱回超過一個錦標，羨煞旁人。不過，他的打法始終是為他人作嫁衣裳，最重要的個人獎項，也不過是入選 2014 年世界盃最佳陣容、兩次入選法甲最佳陣容等。

　　「我覺得世界盃之後,是時候告別國際賽了,畢竟,阿根廷人才輩出,我應該讓位給其他人了。」他總共為國家隊上陣 122 場,踢進 25 球,排在阿根廷史上第 4 位,無論最後在卡達世界盃成績如何也是功成身退。

冥冥中有主宰，「天使」是任務救人，但原來「天使」曾經差點上天堂。當他只有1歲，仍在學走路的階段，就曾墜落住家附近的井內，叫天不應、叫地不聞，「我撿回性命，令我懂得感恩，若非被人救起，今天我已不能坐在這裏説話了。」

派翠克 ｜ 南美洲 阿根廷

禁區之狐
勞塔羅 馬丁內斯 Lautaro Martínez

　　國際米蘭「禁區之狐」Lautaro Martínez 門前觸覺敏銳，射術優秀，被阿根廷球迷視為 Sergio Agüero 和 Gonzalo Higuaín 的混合體。毫無疑問，如果只能選擇一個人，他會是阿根廷隊長梅西的最佳搭檔。

　　1997 年 8 月 22 日出生的 Lautaro，綽號「公牛」，生於阿根廷中產家庭，父親是名不見經傳的足球員，上有哥哥，下有弟弟。他曾在 15 歲前往阿甲豪門博卡青年試訓，但吃了閉門羹。「他們説我沒有速度、沒有力量，叫我回去苦練，再嘗試一次，當時我很憤怒，決定要在其他地方證明自己。」失敗乃成功之母，假如當初順風順水，也許就沒有今日的他。

　　2014 年 1 月，Lautaro 獲競賽會青年軍簽下，首個賽季已經大放異采，上陣 26 場，踢進 26

個進球，馬上獲提拔升上一線隊。2016 賽季，這名前鋒踢進 9 球，之後一個賽季踢進 18 球，贏得義甲豪門國際米蘭青睞，以 2200 萬歐元轉會，簽約 5 年。

由競賽會到藍黑軍團，Lautaro 同樣「由低做起」，首個義甲賽季主要擔任替補前鋒，並成為比利時「魔獸」Romelu Lukaku 的固定搭檔，2019/20 賽季攻進 14 個義甲進球，各項賽事累計進了 21 球，刷新個人新高。之後一個賽季，他對克羅托內上演義甲首個帽子戲法，協助國米重奪義甲錦標，身價飆升至 8000 萬歐元。

　　上兩季義甲，Lautaro 的進球數字持續上升，分別踢進 17 球和 21 球，上賽季沒有 Lukaku 掩護之下，仍能繼續進步，展現出成熟的一面。今年 1 月義大利超級盃，他主踢十二碼命中，助國米以 2：1 險勝尤文圖斯，奪得冠軍。他的技術全面、雙腳也能射門，閱讀比賽能力很強，頂上功夫愈來愈出色。

　　在國際賽舞台，Lautaro 藉由 2019 年美洲盃成名，迄今上陣 38 場，攻進 20 球，場均進 0.53 球，遠高於成名較早的 Paulo Dybala、國米隊友 Joaquín Correa 和後起之秀 Julián Álvarez。因此，輿論普遍認為，他會是梅西在卡達的最理想合作夥伴。「他是世界上最佳前前鋒之一。」阿根廷教練 Mauricio Pochettino 對他讚不絕口。

　　他是人生勝利組的代表，前女友因異地戀而分開，現任甜美知性女友 Agustina Gandolfo 在大學修讀商業管理，兩人相戀後便到義大利同居。Agustina 比他年長兩歲，目前是網紅，兩人除了擁有小狗，也育有一名千金，而且更共同經營社交網站，顯示真愛沒有任何秘密。

派翠克 | 南美洲 阿根廷

世界球王的最後一哩路
萊納爾 梅西 Lionel Messi

1986 年，球王馬拉度納（Diego Maradona）帶領阿根廷榮膺世界冠軍，當時 Messi 才 1 歲；轉眼三十六年過去，阿根廷沒能再度稱霸世界盃，惟馬拉度納已經魂歸天國，繼承者 Messi 將於卡達成為五朝元老，這是首嘗冠軍的最後機會嗎？

34 歲的 Messi 於 2006 年初戰世界大賽，小組賽第二輪替補披掛出場，打破國家史上最年輕上陣紀錄，貢獻一個進球和一個助攻，結果以 6：0 大勝塞爾維亞及蒙特內哥羅。十六強對墨西哥，他在 19 歲生日替補上陣，見證球隊加時晉級，惟八強對德國無緣出戰，最終互射十二碼出局，總教練 José Pékerman 的決定飽受四面八方抨擊。

四年後的南非世界盃，阿根廷總教練是馬拉度納，資格賽驚險晉級，決賽圈首場小勝奈及利亞 1：0，小組賽第二輪對太極虎韓國，Messi 間接和直接參與 4 個進球，領軍大勝 4：1。第三輪對希臘，他首次戴起隊長臂章，領軍輕取希臘 2：0。無巧不成話，阿根廷八強再被德國殺退，更慘敗 0：4 創下自 1974 年以來的世界盃最大分差，惟 Messi 依然獲選為賽事最佳陣容。

2014 年世界盃，Messi 的表現令批評者啞口無言，前 4 場比賽悉數當選比賽最佳球員，十六強加時淘汰瑞士後，八強面對比利時，同樣小勝 1：0。阿根廷自 1990 年後再次打入四強，面對荷蘭激戰 120 分鐘互交白卷，互射十二碼險勝 4：2，也是 Messi 最接近世界冠軍的一次經歷。再一次遇上德國，人們形容為「最佳球員遇

上最佳球隊」，結局是 Mario Götze 替補進場後一箭定江山，Messi 與獎盃擦身而過，但獲得世界盃金球獎作為安慰。

上屆世界盃，阿根廷開局欠佳，首場與冰島打成 1：1，之後以 0：3 不敵克羅埃西亞，小組最後一輪險勝奈及利亞取得出線權，可惜在十六強被最終冠軍法國淘汰出局，Messi 意興闌珊，不久宣布退出國家隊，直至翌年 3 月在多方游說之下，重披藍白戰衣，並在去年美洲盃奪得首項大賽冠軍。

「如果我們能夠奪冠，我會替 Messi 感到高興，甚至比自己更多。」阿根廷中場 Leandro Paredes 承認國民英雄 Messi，是團結國家隊的最重要元素。Messi 在球會級賽事已經贏盡所有榮譽，獨欠世界級大賽冠軍，迄今為國家隊征戰超過 160 場，踢進 86 球，

很可能會在本屆之後告別國際賽，也是能否比肩前輩馬拉度納的最後機會。「是否
成為自己最後一屆世界盃？當下，我只想好好專注這屆世界盃。」他看似拋出懸念，
但答案卻呼之欲出。

派翠克 | 中美洲 墨西哥

墨西哥「足壇備忘錄」
弗朗西斯科 奧喬亞 Francisco Ochoa

　　說到墨西哥傳奇球星，由 Hugo Sánchez、「花蝴蝶」Jorge Campos、俊朗不凡的射手 Luis Hernández、「夾球王」Cuauhtémoc Blanco 到一代中衛 Rafael Márquez 等數之不盡，但近十年的代表離不開兩個人，一個是「小碗豆」Javier Hernández，另一個就是「足壇備忘錄」Guillermo Ochoa！

　　Ochoa 家境不差，家人經營麵包店，自小隨家人移居較富裕的墨西哥城生活。他自小愛踢足球，但據說朋友不多，只能在後花園，靠姐姐傳球給他，苦練球技。隨後，他加入了位於首都的足球學院，獲得外號「Memo」（備忘錄），意為「表現往往令人留下深刻印象，難以忘懷」，至今仍被好友如此稱呼。

　　職業足球罕見派出年輕門將把守最後一關，Ochoa 出路遇貴人，年僅 18 歲就獲時任墨西哥勁旅美洲足球（América）總教練 Leo Beenhakker 委以重任，出任先發，翌年首次代表大國腳。2011 年，他轉投法甲升級馬阿雅克肖（Ajaccio），應驗了「弱隊出門神」的定律，首個賽季屢救險球，即使失球數字極高，賽季結束

時仍獲球迷選為球隊年度最佳球員。

2014 年世界盃，墨西哥在分組賽對上足球王國巴西，遭到狂轟濫炸，這名守護神三番四次作出神救，結果守住 0：0，一戰成名，並轉投西班牙球隊馬拉加。可是，他在聯賽生涯發展不算如意，狀態顯然不及國際賽穩定。2018 年世界盃，墨西哥在分組賽出線，他總共撲救 17 次，冠絕小組其他門將，奈何十六強對巴西，即使孤膽英雄 8 次神撲，國家隊依然要出局。

究竟 Ochoa 在墨西哥有多紅？2007 年，他成為首位入選 FIFA 金球獎候選名單的墨西哥人；2008 年和 2009 年《FIFA》遊戲，他是北美洲版的封面人物；由 2000 至 2010 年，他連續十年被國際足球歷史和統計聯合會 (IFFHS) 評選為墨西哥最佳門將，是非常了不起的成就。

2019 年，這名門將回流美洲，將有望成為世界盃五朝元老，但卻不甘心未能在海外留下豐功偉業，今年 5 月份向外透露，已再次計劃挑戰歐洲足壇，不惜一切代價，甚至「拿國家隊先發」做賭注。當然，他在國際賽上陣近 130 場，拿過 4 次美洲金盃，亦是 2004 年奧運銅牌功臣，對墨西哥足球貢獻良多，萬一要在本屆決賽圈淪為替補，也是今生無悔。

喬齊安 ｜ 北歐 丹麥

鬼門關前走一遭
全世界都為他喝采的生命鬥士
克里斯蒂安 埃里克森 Christian Eriksen

「我全都記得，除了我在天堂的那幾分鐘。」

在丹麥 DR1 電視台的獨家專訪中，Eriksen 對記者緩緩道來 2021 年 6 月 2 日的歐洲國家盃小組賽第一輪賽事上，那令全世界震撼的恐怖一幕中，他本人最真實的回憶。

這位丹麥國家隊的當家王牌，在比賽第 43 分鐘突然倒下，一動也不動。如果不是隊友、隊醫一連串迅速且正確的急救應變，已經心臟停止跳動的 Eriksen，注定命喪綠茵場，帶給親友、全球大小球迷最哀痛的結局。他說，自己在場上一直狀態良好、卻在感到小腿有點抽筋後瞬間昏迷，根本不知道發生什麼事。對於比賽前後的經歷他歷歷在目，但意識徹底消失的那幾分鐘，說明了那是一趟多麼危險的天堂之旅。Eriksen 的遭遇讓丹麥人彼此連結在一起，除了當下全心全意為他的安危祈禱，更在之後有 2000 人立刻報名參與全國心臟除顫器善心支援的計畫，十分感人。

但最令球迷們驚訝的，或許是 Eriksen 以如此之快的速度重返頂級聯賽。由於義甲禁止身上裝有除顫器的球員參加聯賽，因此他終止了與國際米蘭的合約，僅僅在半年後，就重新踏上英超聯賽的大舞台，代表布倫特福德出賽。今年 7 月份他更與豪門曼聯簽下三年合約。這一位天才球星回歸英超後以出賽 11 場、938 分鐘的優異表現，證明其健康無虞。

　　並不是任何人都能夠隨時迎接死神的挑戰。在加入曼聯的訪談中他說，自己不害怕再度心臟停止，更擁有再度成為頂級球員、以及贏得更多獎盃的雄心壯志——身為一個當代罕見的古典 10 號，Eriksen 確實是任何球隊都感興趣的殺器，優雅的他被譽為踢球時最聰明的球員之一，非常擅長利用場上空間製造機會、控制比賽，還是個定位球大師。在過去 10 年英超生涯裡，只有 David Silva 能夠超越他累積的 62 次助攻，就連 Kevin De Bruyne 也辦不到。與 Eriksen 合作無間的前熱刺主帥 Mauricio Pochettino 透露，隊上為其取了個暱稱「Golazo」（經典的街頭足球遊戲），因為除了助攻以外，他還總能打進不可思議的進球。

　　熱愛足球又勇敢的 Eriksen 選擇開始復健時，就立下與最支持他的國家隊友們共同參加 2022 年世界盃這個最大的夢想。剛滿 30 歲的他仍處當打之年，即將在眾人祝福下啟程，扮演譜寫丹麥童話新篇章的安徒生。

派翠克 | 北歐 丹麥

門神之後
卡斯帕 舒梅切爾 Kasper Schmeichel

以父之名？「父蔭」有時候未必是好事，丹麥門將第一把交椅 Kasper Schmeichel 大器晚成，現在總算能為家族榮耀爭一口氣，大可拍拍胸口自豪的説：「別再稱我為 Peter Schmeichel 的兒子，應該叫他做 Kasper Schmeichel 的父親！」

　　Schmeichel 家族具有大時代背景，Kasper 的祖父 Tolek 原本是鋼琴家，冷戰期間被迫擔任雙面間諜，由波蘭移居丹麥後，誕下 Peter，亦即日後舉世聞名的守門員。父親年少成名，在丹麥時已經贏過 4 次聯賽冠軍，後來轉投曼聯再摘下 5 次英超，更在 1999 年成為一時無兩的「三冠王」。相反，兒子職業生涯初期的道路崎嶇不平，差一點，就走不出足壇「虎父出犬子」的輪迴。

　　生於 1986 年的 Kasper，出身自曼城青訓，但總共 5 次被租借，直至 2009 年夏天正式轉投英乙球隊諾茨郡。人們還以為這名星二代難以繼承父親的衣缽，但隨後得到里茲聯賞識，並在 2011 年夏天加盟當時處於英冠的萊斯特城，也就是人生的轉捩點。兩年後，他在國家隊上演處子秀，當時已快將 27 歲，轉眼九年，累積為國披甲 82 場，亦擔任國家隊副隊長。

　　Kasper 在 30 歲首次榮膺丹麥足球先生，雖然比較晚熟，但憑自身實力，一步一腳印地打好基礎，不僅協助萊斯特城在 2016 年成為「百年一遇」的英超冠軍，後來更刷新父親 Peter 的丹麥最長時間不失球紀錄。繼 Ian Wright 和 Shaun Wright-Phillips（實為養子）之後，Peter 和 Kasper 是史上第二對父子檔英超冠軍，必定名留青史。

　　在那個英超奪冠賽季，他也是開局慢熱，前 9 場聯賽沒能保持不失球，直至總教練 Claudio Ranieri

給全隊送 pizza 作獎勵，終在第十輪對水晶宮首次零封對手。之後，萊城防守漸入佳境，這名丹麥人巧合地在贏得英超時的年齡，與父親首奪英超時同為 29 歲。

「成長階段，外界一直拿我和父親比較，似乎這是永恆的話題，為何他們總認定我不會像父親一樣厲害？」Kasper 在訪問中承認，父親威名曾經是人生夢魘。「他能贏到英超，我為此感到自豪，很清楚地告訴世人，他是真心想成為足球員。」老父坦言兒子從未忘記初心，也表示在萊斯特城奪得英超，比當年在曼聯難度更大。

1992 年歐洲國家盃，丹麥締造了冠軍童話，Peter Schmeichel 是主角之一，三十年後的世界盃，兒子能夠再演傳奇嗎？

2022 世界盃 48 強

王冠適合我
基利安 姆巴佩 Kylian Mbappé

他是命中註定的天選之人，年僅 17 歲便在摩納哥打破了油王巴黎在法甲的統治、18 歲就成為史上最年輕的歐冠 10 顆進球紀錄保持者，19 歲更與法國國家隊登頂世界盃冠軍，勇奪絕代雙驕 C 羅、Messi 始終無法捧起的大力神盃。2022 年的皇馬轉會鬧劇後決定續留巴黎，更讓他取得簽字費 3 億歐元、稅後年薪 9000 萬歐元的誇張財富。Kylian Mbappé 可能是整個地球最快擁有一切的年輕人，但他這四年來成就的停滯，卻讓人們對其發出失望與質疑。

Mbappé 出生於大巴黎都會區的邦迪市，但這裡並不是一個美好的故鄉。2005 年以非裔少年之死引爆的法國騷亂燒毀了許多建築與汽車，Mbappé 家便是災難的起源之一，郊區邦迪被貼上社會暴動的代名詞，這曾經是 Mbappé 所揹負的世界。幸而身為足球教練的父親威爾弗里德保護了一家，讓孩子沒有被捲入動亂中。

對各國的球探來說，邦迪所處的法蘭西島大區有 1200 萬人口，是聚集最多踢球孩子的地方。據說繼巴西聖保羅之後，球探人數最多的地區就是這裡。2018 年世界盃的法國隊成員有 8 名球員在法蘭西島成長茁壯，包含 Mbappé、Pogba 與

Kanté。專業人士指出，郊區的球員在混擬土的狹小球場上進行各種年齡混雜的比賽，他們被鍛鍊出迅速動腦與下腳的本領。突圍而出的球員通常具有強烈的活力、侵略性、運動能力，以及良好的技術，就像是 Mbappé 展現在世人眼前的特質。

在 2018 年世界盃 16 強戰上打爆阿根廷一戰成名的 Mbappé，最為人所知的就是他恐怖的爆發力與衝刺速度。他曾在 2019/20 的法甲聯賽上締造 38KM/h 的衝刺速度，竟然比 Usain Bolt 的平均時速還要快。同時他具備冷靜頭腦與踢球的智慧，

清楚自己在場上每個時刻該做什麼，是一位全能型的前鋒。與當今幾位前鋒新星相比，Mbappé 自 2018 － 2022 四個賽季累積的參與進球數 208 球輾壓 Haaland 的 127 球與 Vinícius 的 59 球；成功過人次數、為隊友創造機會、進攻效率值等代表數據亦大幅領先。當然這與他身處被認為整體水平較低的法甲也有關聯，目前 Mbappé 仍無法擺脫靠身體素質吃飯、卻缺乏中鋒扛人護球能力等質疑。

不只是身處的巴黎年年在歐冠聯賽折戟，2020 歐洲國家盃 16 強賽在 PK 大戰第五點罰失，導致法國被瑞士爆冷淘汰的 Mbappé 淪為戰犯，甚至

爆出他遭到球迷種族歧視攻擊，憤而想要退出國家隊的大新聞。早已加冕王座的
Mbappé 需要在卡達再一次證明實力，而他這次將為了年輕王者的尊嚴而戰。正如
同父親為他取的中間名「Adesanmi」涵義——奈及利亞語意的「王冠適合我」。

派翠克 | 西歐 法國

法國魔鬼天使合體
保羅 博格巴 Paul Pogba

「我們沒能取悅所有人，所以我從來不會為別人而活，也不在乎別人的想法。」法國中場 Paul Pogba 這種人生態度，突顯其職業生涯充滿爭議的原因。很多球迷覺得，他在法國像「有型」的天使，但在曼聯卻是「隱形」的魔鬼。

Pogba 身高 191cm，腳法上乘，傳送視野廣闊，後上得分能力不俗，天賦備受肯定，自小就擔任隊長。2012/13 賽季，他被尤文從曼聯挖角，首個賽季已嶄露頭角，之後一個賽季榮升先發，披甲 51 場，踢進 9 球。2013 年，這名中場帶領法國拿到 U20 世界盃，也是賽事最有價值球員，同年榮膺歐洲金童獎，翌年當選世界最佳新秀，事業扶搖直上，直至 2016 年回歸母會，以 8900 萬英鎊打破當時世界轉會紀錄，風頭一時無兩。

重返紅魔後，Pogba 經常被批評表現飄忽不定，但首個賽季已拿到歐洲聯賽和聯賽盃錦標，豈料也是六年來僅有的兩座獎盃。論個人表現，最精采是 2018/19 賽

季，他總共上陣 47 場，踢進職業生涯新高的 16 球，並入選英超最佳陣容。上賽季，他因傷患結果上陣時間大跌，整個賽季幾乎「佛系」做賽，僅進 1 球，離隊看來無可避免。

今年夏天，29 歲的 Pogba 宣佈約滿離隊，對總花費達 2.19 億英鎊的紅魔而言，當然是損失慘重，但法國隊而言，時間來得恰到好處。上屆世界盃，他是奪冠功臣之一，迄今代表法國 91 場，踢進 11 球，相信無傷無病依然是主力成員。問題是近兩三個賽季，他在英超發揮未如理想，能轉換新環境，重投尤文也是利大於弊。「他是全能中場，攻守俱備，擁有很多特質，位置感強，擅長傳送，在進攻方面沒有天花板。」2021 年夏天，法國總教練 Didier Deschamps 依然投予信心一票。

　　Pogba 個性我行我素，懂得製造話題（如常換創意髮型），加上穆斯林世界的支持者，無疑是當今足壇最懂得吸流量的球星之一，Instagram 有 5400 萬粉絲，Facebook 也有 2500 萬，更成為 Twitter 首位擁有專屬 emoji 的足球員，認真厲害。「人生不如意事十之八九，所以你一定要活得快樂。」他代表了一個世代的價值觀，即使場上沒能長期保持好表現，依然擁有高人氣。

2022 世界盃 48 屆

派翠克 | 北非 突尼西亞

突尼西亞天才小紅魔
漢尼拔 梅吉布里 Hannibal Mejbri

近七屆世界盃，北非國家突尼西亞共五次打進決賽圈，惟獨當一面的球星寥寥無幾，沒能令人留下印象，英超紅魔曼聯的新星 Hannibal Mejbri 能否在卡達大放異采，協助國家隊歷史性取得小組出線權嗎？

父親是前突尼西亞足球員，退役後成為教師，母親是心理治療師，加上 Mejbri 學業成績優良，其父 Lotfi 一直希望兒子長大後當醫生或者律師，「就算他當上職業球員，也不想他在場上踢到頭破血流」，養兒一百歲，長憂九十九，中西文化亦然。此子在 6 歲加入巴黎 FC，隨後轉投法國著名青訓營，成為 Henry、Mbappé 和 Pogba 等球星的同門師弟，並開始代表法國國家隊出賽。

Mejbri 天賦備受肯定，年僅 14 歲已引起海外豪門青睞，Lotfi 曾透露「收到阿森納和利物浦報價，但現在不是談錢的時候」，故寧願留在國內的 Athletic Club de Boulogne-Billancourt 平穩發展，兩年後以 100 萬歐元加盟摩納哥。

後來，他被 C 羅的經理人 Jorge Mendes 簽下，注定身價不菲，2019 年以 900 萬英鎊轉會費改投紅魔。2020/21 賽季，這名技術型中場在 U23 聯賽演出八面玲瓏，被譽為「新 Scholes」，而名宿 Nicky Butt 就認為他有能力像 Keane 一樣，將來成為領袖型球員。

Mejbri 主要擔任攻擊中場，首個賽季貢獻 10 個助攻，踢進 5 球，並榮獲年度最佳球員獎。直至本賽季英超雙紅會，紅魔對利物浦，他在 84 分鐘上演處子秀，在場上到處

奔跑，顯示出頑強的鬥志，拿到一面黃牌，並獲前隊長 Gary Neville 盛讚「場上唯一未放棄的球員」。

雖然早年加入法國 U17 代表，但左思右想後仍決定認祖歸宗，去年「直升」成年隊，改穿突尼西亞戰袍，國際賽至今上陣 12 次。去年阿拉伯盃，已引起注目，兩次當選比賽最佳球員，領軍打進決賽，預期會順利入選世界盃大名單。

Mejbri 的爆炸頭髮型形象鮮明，本賽季英超最後一場對水晶宮更能入選先發，除了傳送和視野值得一讚，其盤帶能力亦甚上乘，上賽季是 U23 被犯規最多的曼聯球員，有望在世界盃盡情發揮其創造力，藉此打動紅魔新帥 Erik ten Hag。

破風 | 亞洲 澳洲

澳洲最可靠的守護者
馬修 瑞恩 Matthew Ryan

Mathew Ryan 不是耀眼的守門員，卻擁有澳洲門將一直予人穩定表現印象的特質。而且他也算生得逢時，他在澳洲傳奇門將 Mark Schwarzer 的職業生涯踏進暮年的時候才出道，在澳洲職業聯賽踢了三個不錯的賽季之後，獲得比利時豪門球隊布魯日邀請加盟。當 Schwarzer 在 2013 年離開國家隊之後，Ryan 跟另一名年齡差不多的門將 Mitchell Langerak 爭奪國家隊首席門將位置。結果在布魯日占據不動先發的 Ryan，擊敗了當時只在多特蒙德坐板凳的 Langarek，成為 Schwarzer 的接班人，在 2014 年世界盃決賽圈第一次參與大賽，在三場分組賽都踢滿。

2014/15 年賽季是 Ryan 職業生涯的第一個高峰，他在亞洲盃決賽圈踢了六場比賽只失 3 球，協助澳洲第一次拿到亞洲盃冠軍，他也獲選賽事最佳守門員。合共踢了十六場歐洲聯賽，是布魯日打進八強的主要成員，於是在這賽季第一次拿到澳洲足球先生的榮譽，也獲得西甲強隊瓦倫西亞的聘約。加入瓦倫西亞的時候本來是球隊的首選門將，可是在第二場對拉科魯尼亞的聯賽就受傷了。雖然這次受傷不算嚴重，只是休息了一個月就可以復出，不過球隊那時候已經決定起用自家培養的 Jaume Doménech，他從此再沒有受到瓦倫西亞的重視，在球隊呆了一個半賽季，也只有 10 次聯賽上場機會。

於是 Ryan 在 2017 年 1 月以借用形式回到比利時，這次效力的不是布魯日而是亨克。他立即成為亨克的首席門將，協助球隊闖進歐洲聯賽的八強。不過他沒打算繼續留在比利時，所以只踢了半個賽季就離開。只是瓦倫西亞已經沒有立足之地，

還好他得到去夢寐以求的英超賽場踢球的機會，在 2017 年夏天加入當時升上英超的布萊頓，在第一個賽季就踢滿 38 場英超比賽。於是在 2018 年世界盃決賽圈再次成為澳洲的首選門將，可是因為澳洲的實力不夠，在第二次世界盃決賽圈也是踢了三場分組賽，就跟隊友們打包回家。

回到布萊頓之後發展得相當順利，在英超的首三個賽季當中，除了因為要出戰 2019 年亞洲盃決賽圈而缺席四場聯賽，其餘每一場比賽都踢滿。直到 2020/21 年賽季，在上半賽季還繼續是布萊頓的首席門將，不過球會希望培育西班牙門將 Robert Sánchez，於是就被告知可以選擇離開。Ryan 在這個失意的時候收到兵工廠的邀請，雖然在兵工廠只是替補門將，在半個賽季只有 3 次上場機會，不過能夠效力歐洲頂級豪門球隊，這段時期也算是 Ryan 的第二個球員生涯高峰。

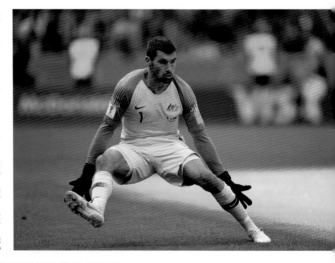

離開兵工廠又跟布萊頓緣盡的 Ryan，在 2021 年夏天再次回到西甲，效力皇家社會。不過由於球隊起用自家培育的 Álex Remiro 當首席門將，Ryan 在 2021/22 年賽季只在西甲、西班牙盃和歐洲聯賽三項賽事各有三次上場機會，對球隊不算有太大建樹。於是他在 2022/23 年轉投丹麥超級聯賽冠軍球隊哥本哈根，藉著再次征戰歐洲賽培養最佳狀態。

在澳洲國家隊，Ryan 仍然是表現最穩定的首席門將，更協助澳洲在 2022 年世界盃資格賽附加賽守和秘魯，雖然在互射十二碼的時候換了替補門將 Redmayne，

讓 Redmayne 成為救出對手施射，使澳洲連續五屆世界盃都打進決賽圈的大英雄，
完全把 Ryan 的風頭蓋過，不過相信在卡達賽場上為澳洲擋住法國、丹麥和突尼西
亞球員射門的，仍然會由澳洲史上第二佳的國門 Ryan 來把守。

剛田武 | 東亞 日本

支撐日本鋒線的紅軍猛將
南野拓實

　　出身於大阪櫻花青年軍的南野拓實，年少的時候已經是日本青年級別賽事的明星球員，在高中還沒有畢業就已經為大阪櫻花上場，成為大阪櫻花首名高中畢業，就在賽季首戰擔任先發的球員。在 2013 年中，南野拓實取得第一個聯賽進球，當時以 18 歲 5 個月 20 天的年齡，超越 J1 史上進球最多的球員大久保嘉人，成為櫻花隊史上最年輕的 J1 聯賽進球球員。同年 7 月，初出茅廬的南野拓實在迎戰曼聯的表演賽，竟然作出一個助攻和進了 1 球，令當時的曼聯領隊 David Moyes 也讚好。南野拓實的首個職業球季合共踢了三十八場，進了 8 球，對於一個只有 18 歲的年輕人來說，相當了不起。

　　可是 2014 年，大阪櫻花羅致了年華老去的烏拉圭球星 Diego Forlán，不僅令南野拓實的上場機會減少，整個賽季只進了兩個聯賽進球，而且 C 大阪在應付聯賽和亞冠賽事兩線比賽失衡，球隊最終降級收場。還好南野拓實沒有隨 C 大阪降級，反而是在 2015 年 1 月獲得奧地利球隊薩爾斯堡的賞識，剛成年的南野拓實自此展開旅歐之途。

　　南野拓實在薩爾斯堡很快獲得主力位置，協助球隊連奪五屆奧甲冠軍。而且在歐洲聯賽和歐冠獲得不少上場機會，球技也在不斷進步。直到 2019/20 年賽季的歐冠賽事，南野拓實於分組賽大爆發，先是首戰對亨克送出兩個助攻，然後在作客利物浦一戰取得 1 個進球和 1 次助攻，這場比賽說服了利物浦領隊 Jürgen Klopp 把南野拓實收歸旗下。於是南野拓實在 2020 年 1 月登陸英超，創下百年豪門利物浦史

上第一個亞洲球員壯舉。

　　不過南野拓實於利物浦的發展跟理想有很大落差，由於 Jürgen Klopp 重用 Mohamed Salah、Sadio Mané 和 Roberto Firmino 的前鋒組合，所以南野拓實在紅軍的上場時間不多，很多時候都是在盃賽的小組賽階段才有上場機會，還好有機會上場的話，南野拓實還是能夠獲得進球，在 2020/21 年賽季的下半季，南野拓實外借到南安普頓，結果半個賽季也有不錯的表現，令不少紅軍球迷對南野拓實感到惋惜又無奈。

　　進入 2021/22 賽季，南野拓實成為了利物浦贏得聯賽盃和足總盃冠軍的功臣之一。雖然南野拓實在聯賽盃和足總盃決賽都沒有上場機會，但晉級過程，他也參與

其中，這兩項冠軍的功勞，是不容質疑的。在新賽季，為接受更多挑戰，他轉到法甲的摩納哥，期望能夠獲得更多上陣機會。

　　在國際賽層面上，南野拓實在 2016 年代表日本 U23 出戰奧運男足項目，可惜球隊在分組賽出局，他也只進了 1 球。不過在 2018 年世界盃後，就立即成為日本隊重組之後的先發王牌，而且成為

日本隊史上第三個最初三場國際賽都有進球的球員。可惜他在 2019 年亞洲盃決賽圈卻忘了穿射門靴，一直沒能進球，直到決賽才第一次將球送入門框之內，但是這進球無法阻止日本隊輸給卡達失落錦標。

　　到了 2022 世界盃首輪資格賽，面對實力較弱的對手，南野拓實好好的把握機會，成為日本隊史上第一個首次參加世界盃比賽之中，首七場比賽都有進球的球員。將自己提升到完美狀態的他，將帶領日本武士衝擊榮耀。

2022 世界盃 48 屆

剛田武 ｜ 東亞 日本

令歐洲人折服的亞洲第一鐵衛
冨安健洋

　　現在只有 23 歲的冨安健洋，基本上已經被公認是亞洲第一後衛，無論是在防守掛帥的義甲還是世界第一聯賽的英超賽場，他總是很快就贏得讚賞，甚至被認為是頂級球員。不過他原本是希望跟姊姊們一起在游泳方面發展，只是在年少時因為一次意外弄傷顎骨，令他無法再游泳，之後被小學的足球部教練看見他跑得很快，

認為他非常有潛質，才把他帶進足球世界，還好當初沒有被游泳耽誤了足球路。

在 11 歲的時候，他加入了當時剛剛在福岡成立的巴塞隆納足球學校分校，表現好得令教練忍不住要把他推薦給巴塞隆納青年軍。可是當時對於日本少年人來說，要進頂級豪門巴薩的青年軍實在很困難，所以很快就無疾而終。不過他仍然保持相當出色的表現和進步，在 17 歲的時候就升到福岡黃蜂的成年隊，而且立即成為球隊主力中衛。2016 年 10 月，他甚至跳級代表日本參與 U19 亞洲盃決賽圈，還協助球隊捧起冠軍。

雖然冨安健洋當時仍在乙級聯賽的福岡隊展開職業生涯，不過他很快就成為日本足壇關注的新秀。正當不少 J1 強隊希望把他引進之時，由日本財團擁有的比利時甲級聯賽球隊聖圖爾登卻捷足先登，將這個只在 J1 聯賽踢過十場比賽的年輕人帶到歐洲賽場。經過半個賽季的適應期之後，在 2018/19 年賽季開始成為聖圖爾登的主力中衛，同時在 2018 年世界盃之後，立即被新任日本隊監督森保一選為重建的日本隊主力中衛，這時候的他還未成年（日本人是 20 歲才法定成年）。

踢了幾場熱身賽之後，就代表日本隊出戰 2019 年亞洲盃決賽圈，還成為日本隊史上最年輕的亞洲盃先發球

員。在對沙烏地阿拉伯的分組賽，他還獲得第一個國際賽進球，協助日本以 1：0 贏球，這個進球也刷新了日本隊在亞洲盃決賽圈最年輕進球者的紀錄。

　　回到比甲聯賽，繼續有優異的表現，在 2019 年夏天收到來自義甲球隊波隆那的邀請，令他成為自長友佑都離開後，第一位踏足義甲的日本人。雖然冨安健洋在波隆那被安排踢右後衛，但他依舊表現出色，踢了兩個賽季都是球隊的必然主力，表現也備受讚賞。

　　這麼優秀的天才，當然不可能一直留在義甲中游球隊波隆那，所以首先有 AC 米蘭向冨安健洋招手，不過他沒有接受，在 2021/22 年賽季開局的時候，他還繼續留在波隆那。可是當 2021 年夏季轉會窗結束前一天，就決定轉投英超豪門球隊兵工廠，還立即擔任球隊的主力右後衛。

　　想不到冨安健洋登陸英超，便解決了困擾兵工廠幾個賽季的右路防守問題，還在 9 月拿到隊內最佳球員獎。可惜自從 2021 年 12 月確診新冠肺炎，加上大腿同時受傷，之後冨安健洋在下半賽季一直因傷缺席，只能在賽季末段偶爾上場。

　　目前在 2022 年還沒能為日本隊上場。本來有冨安健洋在的話，日本隊就算在世界盃決賽圈要面對德國和西班牙的攻擊線也能放心。因此日本球迷絕對希望冨安健洋能夠趕及在世界盃的時候強勢回歸，才有機會追求在強敵夾擊之下突圍而出。

派翠克　　南歐 西班牙

西班牙花樣射手
阿瓦羅 莫拉塔 Álvaro Morata

毫無疑問，狂牛西班牙自 Raúl、Fernando Torres 和 David Villa 之後，一直找不到世界頂尖前鋒，蜀中無大將，因而注定了花樣男子 Álvaro Morata 充當前鋒線頭牌，肩負起得分責任。

　　Morata 身高 190cm，來自皇家馬德里青訓，本已贏在起跑線，2014 年以 2000 萬歐元轉投尤文圖斯，兩次奪得義甲冠軍。兩年後，皇馬啟動回購條款，斥資 3000 萬歐元轉會費，把西班牙人帶回老家，職業生涯首次在聯賽取得進球雙位數。

　　短短一個賽季後，英超豪門切爾西出手，拿出 6000 萬歐元羅致 Morata，身價持續飆升。可是，他在英超水土不服，首個賽季僅進 11 球，表現令人大失所望，2019 年 1 月被租借回馬德里，但不是皇馬，而是馬競。

　　一個半賽季之後，這名前鋒還未有起色，但仍獲前東家尤文青睞，2020/21 賽季以租借身分加盟，義甲分別打進 11 球和 9 球。無論進球多寡，他多年來是國家隊的常規代表，迄今上陣 52 場踢進 25 球，場均進球率比起球會級賽事理想。

　　年少成名的 Morata，冠軍命是與生俱來，不僅拿到 U19 歐國盃和 U21 歐國盃錦標，亦在 2011/12 賽季首嘗西甲冠軍滋味，迄今拿過西甲、義甲、英格蘭足總盃、

歐冠、歐洲聯賽和俱樂部世界盃等榮譽。然而,自 2017 年後,他仍未拿過錦標,是否運氣已經用盡?

Morata 有俊朗不凡的樣貌,出道之初已封為「少女殺手」,Facebook 粉絲有 1300 萬,Instagram 更多接近 1700 萬名粉絲,也許,高人氣是他進球數之外,豪門虎視眈眈的原因之一。

這名 29 歲前鋒已加入人生勝利組,場內效力過四支豪門,累計轉會費超過 2.2 億歐元,場外擁有幸福家庭,早在 2016 年 12 月與義大利仙氣女友 Alice Campello 訂婚,半年後走進教堂,如今育有 3 名兒子,羨煞旁人。

Morata 之前一直與世界盃有緣無分,2014 年決賽圈後才入選狂牛大軍,2018 年狀態不佳名落孫山,故此本屆才有機會首次挑戰世界冠軍榮譽。他被球迷嘲為「越位之王」,曾穿上狂牛戰衣時被喝倒采,他將全力爭取在卡達繳出佳績,一吐怨氣。

派翠克 | 南歐 西班牙

巴薩小鐵人
佩德羅 Pedri

加泰隆尼亞與西班牙的關係很微妙，政治上，前者希望脫離西班牙獨立，但在足球上，後者卻不能失去位於加泰的球隊巴塞隆納。毫無疑問，年僅 19 歲的巴薩鐵人中場 Pedri 會是未來十年的狂牛核心，本屆世界盃正要開啟序幕。

世事如棋，4 歲的 Pedri 被哥哥 Fernando 的教練拉進球隊受訓，從此踏上足球小將之路，後來加入拉斯帕爾瑪斯青年隊，不久擢升至一線隊。2019 年 9 月 19 日，他取得一線隊的處子進球，當時只有 16 歲 9 個月 23 日，打破隊史最年輕進球紀錄。

只用了一個賽季，他就被巴塞隆納收歸旗下，轉會費達 500 萬歐元，更令人意想不到是，這名 18 歲小子在 2020/21 賽季，即轉會後首個賽季已經當上先發，各項賽事更出場 52 次之多。「整個家族都是巴薩支持者，我的夢想就是踏進諾坎普聖殿，由球員通道出場。」別以為這是客套話，他的偶像是「小白」Andrés Iniesta，小時候常看爸爸播放的 Michael Laudrup 片段，就連家中所用的盤子和碟子也印有巴薩隊徽！

Pedri 的升級軌跡，活像《美國達人秀》（America's Got Talent）內表演者，不僅入選西班牙在歐國盃的最年輕代表，也是歐國盃淘汰階段最年輕上陣球員，更當選 2020 歐國盃最佳新秀，以及唯一入選最佳陣容的西班牙代表。無巧不成話，他與前巴薩翼鋒 Pedro Rodríguez，同樣來自位於西非的群島屬地 Canary Islands，而 Pedri 的全名其中一個字也是 Pedro！

　　上賽季，Pedri 在西甲僅出賽 12 場，各項賽事出場 22 場，被指是前一個賽季種下的禍根。原因是首季加盟巴薩，他不僅征戰歐國盃，也代表國奧隊參與東京奧運，打了全部 6 場比賽，最終決賽不敵巴西，摘下銀牌。整個賽季，他總共踢了 73 場比賽，冠絕五大聯賽，堪稱「歐洲第一鐵人」，難怪上賽季經常受傷。

　　不過，他的打法實在相當全面，有能力勝任中前場任何位置，基本功良好，球場視野廣闊，又具超卓突破能力，再加上願意參與攔截工作，無疑是不可多得的人才。他的位置也由翼鋒慢慢移進中路，有時出任攻擊中場，有時司職影子前鋒，難怪球評會讚他有 Xavi、Iniesta、Laudrup 甚至 Lionel Messi 的影子。

破風 | 中美洲 哥斯大黎加

為不信任把關的男人
凱洛爾 納瓦斯 Keylor Navas

Navas 在哥斯大黎加豪門球隊 Saprissa 踢了五個賽季之後，就在 2010 年 23 歲的時候，赴西班牙加入乙級球隊阿爾巴塞特，可惜在歐洲第一個賽季就慘遭降級的命運。還好 Navas 不僅不需要降到西乙 B 聯賽踢球，反而獲萊萬特賞識，以租借身分入隊，更升上西甲聯賽角逐，然後在第二個賽季正式成為萊萬特一員，雖然他在前兩個賽季只有十次聯賽上場機會。到了 2013/14 年賽季，終於成為球隊的首選門將，他也把握機會發揮出色，三十七場聯賽只失了 39 球，而且作出那個西甲賽季最多的 267 次撲救，對於保級隊的門將來說是非常厲害的數字。

於是 Navas 以優異的狀態跟哥斯大黎加參加 2014 年世界盃決賽圈，協助球隊在分組賽爆大冷，將烏拉圭、義大利和英格蘭三支前冠軍球隊擊敗，然後在十六強互射十二碼階段救出希臘前鋒 Theofanis Gekas 的射門，成為哥斯大黎加史上第一次打進八強的功臣。雖然 Navas 在八強賽沒能阻止球隊輸給荷蘭出局，他在五場比賽之中有三場保住不失球，入選這一屆世界盃其中一名金手套獎候選。就算 Navas 輸給冠軍隊德國的 Neuer 沒有拿到獎，不過在萊萬特和世界盃的表現，令他獲頒 2014 年中北美洲足聯最佳球員大獎，也讓他在世界盃之後獲得加入世界首屈一指豪門皇家馬德里的機會。

在皇馬的第一個賽季，由於傳奇門將 Iker Casillas 仍然在陣，所以 Navas 只是替補門將。到了第二個賽季，Casillas 離開，Navas 繼承了對方留下的 1 號球衣，開始擔任皇馬的首選門將。

　　Navas 在 2015/16 年賽季的表現堪稱完美，特別是在歐冠前六場比賽都沒有失球，而且協助球隊拿到歐冠，成為第一個捧起歐冠的中美洲球員，他在十一場比賽之中有九場比賽沒有失球。在 2016/17 年賽季，Navas 雖然一度被 Kiko 搶走位置，不過他仍然是首席門將，協助球隊再奪歐冠和西甲雙冠，也因此又當選中北美洲足聯最佳球員。2017/18 年賽季，還是繼續要被 Kiko 搶走接近三分之一的聯賽上場時間，還好他仍然以優異表現保住首席門將位置，協助皇馬完成西甲衛冕，還有歐冠三連霸偉業。

　　在皇馬完成歐冠三連霸之後，Navas 再次為哥斯大黎加出戰世界盃決賽圈。可惜哥斯大黎加在俄羅斯的賽場上無法重現四年前的風光，分組賽就出局回家，Navas 踢滿三場比賽也無補於事。而且世界盃結束之後回到皇馬，還因為比利時門將 Thibaut Courtois 的到來而失去首席門將位置。他只能在十場聯賽和三場歐冠賽事上場，只有在

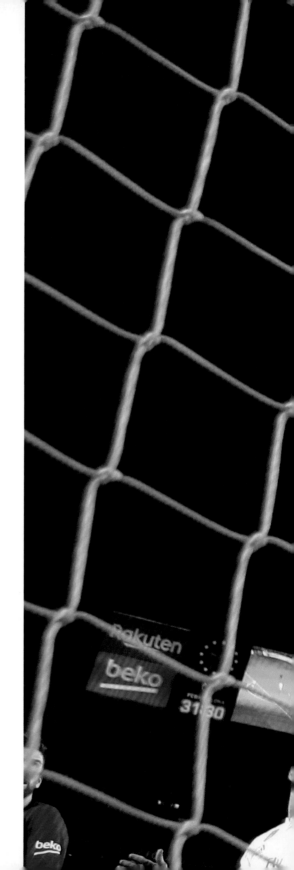

西班牙盃的比賽才是首選門將。

於是 Navas 在皇馬的日子終於要結束了，在 2019 年夏天轉投巴黎聖日耳曼。Navas 壓倒巴黎出身的法國國腳 Areola 和西班牙國腳 Sergio Rico 成為首席門將，在因為肺炎疫情腰斬的 2019/20 年法甲賽季踢了 21 場比賽，協助巴黎拿到聯賽冠軍。然後在復賽後協助巴黎拿到法國聯賽盃。到了第二個賽季，Navas 續任巴黎的首席門將，在 2021 年 1 月協助球隊拿到法國超級盃，是他在歐洲的第十六個冠軍，也因此超越墨西哥名宿 Rafael Márquez，成為歷史上在歐洲拿冠軍最多的中北美洲球員。

不過到了 2021/22 年賽季，巴黎還是引進義大利國門 Gianluigi Donnarumma，雖然 Navas 仍然以二十一次聯賽上場，勉強保住首席門將位置，不過在球隊的地位也確實大不如前。而且 Navas 在巴黎的三個賽季都無法協助巴黎拿到歐冠，確實難以預料巴黎的領導層對他還有多少耐心。畢竟 Navas 已經 35 歲了，相信這一屆世

界盃是他最後一次出席，所以他肯定會傾盡全力，將德國、西班牙和日本球員的射門攔下，來證明自己依然是全球最強門將之一。

鄭先萌　　中歐 德國

日耳曼坦克的新主砲
凱 哈弗茨 Kai Havertz

說到德國隊給人的傳統印象，硬朗、穩定、總在關鍵時刻進球的中鋒絕對是其中之一。六零年代的 Uwe Seeler、七零年代的 Gerd Müller、八零年代的 Karl-Heinz Rummenigge、九零年代的 Jürgen Klinsmann、至千禧年後的 Miroslav Klose，德國中鋒總是人才輩出。但 2000 年以後的德國隊銳意追求傳控、組織的技術流，中鋒位置反而凋零，2022 年卡達世界盃竟然找不出合適人選，這時，一個非典型的選項又再被提起，他就是 Kai Havertz。

Kai Havertz 可說是典型的少年天才，10 歲時，他被家鄉俱樂部亞琛看上，僅僅一年後，就被以慧眼聞名的勒沃庫森挖角。Kai 的少年生涯就是不斷地以超齡表現打破各項紀錄，2016 年，他拿下弗里茨·瓦爾特獎 (德國年度最佳新秀)U17 組銀獎；同年，Kai 就以破勒沃庫森隊史紀錄的 17 歲又 126 天的年齡在德甲聯賽初登場 (聯賽史上第 8 年輕)；翌年，他不但助攻隊友 Karim Bellarabi 攻進德甲聯賽史第五萬球，在 4 月 2 日，Kai 更在聯賽中攻破沃夫斯堡大門，不僅是他的德甲首球，也創造隊史最年輕進球紀錄。接下來 Havertz 在德甲持續高歌猛進，2020 年，他成為德甲史上首位 21 歲以下攻進 35 球的球員，同年在德國足球先生的票選中拿下第 2 名；而 Havertz 在歐戰中的表現也相當亮眼，2018-2020 間的兩個賽季，他一共攻

進 8 球，也開啟了 Kai 的英超之路。

2020 年 9 月，Kai Havertz 加入英超豪門切爾西，面對節奏更快、強度更高的英超聯賽，他一開始也難以發揮實力；但成長迅速的 Kai 適應力強，再加上 2021 年 1 月德籍主帥 Thomas Tuchel 上任後給予他信任與支持，Havertz 成為藍軍的「關鍵先生」，他在歐冠決賽中，攻進在切爾西的首顆歐冠進球，幫助俱樂部以 1：0 力克曼城、捧起大耳朵盃。Kai Havertz 職業生涯一路以來的優秀表現當然也被德國隊所看見，2018 年世界盃後他開始進入國家隊；2020

歐國盃中，Kai 不僅在小組賽面對葡萄牙進球，更在對戰匈牙利的關鍵賽事中攻進追平球，讓德國得以進入淘汰賽。

事實上，Kai Havertz 在職業生涯初期，是被視為富有技術與創造力的中場球員，甚至被形容為新一代的 Mesut Özil，但高大、有衝擊力、能進球的特色卻又神似他勒沃庫森的前輩 Michael Ballack、Simon Rolfes，再加上左右腳射術、頭球能力、無球跑動能力、禁區內打點都有高水準，Kai 的場上位置逐漸靠前，被切爾西主帥 Thomas Tuchel 當作偽 9 號、甚至類中鋒使用。而 Kai Havertz 這樣的特性，對於缺乏穩定中鋒的德國隊來說，無啻是一個猶如救火隊的選擇，或許我們在卡達世界盃中，就可以看見他在 Thomas Müller、Timo Werner 的身前游移，成為日耳曼坦克的新主砲。

派翠克 | 中歐 德國

挑戰歷史進球王的最後機會
托馬斯 穆勒 Thomas Müeller

談起 Müller 這個姓氏，幾乎就是進球的代名詞，「轟炸機」Gerd Müller 的威名早已名垂千古。而被台灣足球迷暱稱為「囧穆」的 Thomas Müller（因為他總是能用不可思議、很囧的方法進球）似乎與生俱來就有這樣的 DNA，他和 Gerd Müller 一樣都出身於南德的巴伐利亞邦，一樣把大部分的生涯都奉獻給拜仁慕尼黑。

Thomas Müller 在俱樂部成名可說是非常早，也很快地進入國家隊的視野，09 年被時任拜仁主帥 Louis van Gaal 的慧眼拔擢，10 年南非世界盃就登場綻放光芒，當時他年僅二十歲。而 Thomas Müller 的首屆世界盃表現極為驚人，十六強面對死敵英格蘭攻進兩球、徹底拉開與對手差距；八強戰對上傳奇球星 Diego Maradona 執掌兵符的阿根廷，Thomas 也首開紀錄，幫助德國隊以 4：0 大勝，吐了他在當年三月友誼賽被 Maradona 調侃為「球童」的一股怨氣。該屆世界盃，他射進 5 球拿下金靴、也拿下最佳年輕球員，自此之後，Thomas Müller 的威名無人不曉。

Thomas Müller 在接下來迎來生涯高峰，12/13 賽季他幫助拜仁勇奪德甲、德國盃、歐冠三冠王，以德國王牌前鋒的身份前進 2014 巴西世界盃。小組賽中「囧穆」就沒讓人失望，對上陣中有 C 羅的葡萄牙，他完成帽子戲法，然後在準決賽中也用進球率領德國以 7:1 擊潰地主巴西，最終德國高舉大力神盃，Thomas Müller

也再度收穫 5 球，生涯世界盃攻進 10 球，大家開始寄望他能夠突破世界盃 16 進球的 Klose 障礙。但 Thomas Müller 順風滿帆的職涯自此出現轉折，15/16 賽季他在歐冠四強面對馬競罰丟點球，讓拜仁慘遭淘汰，囧穆自此也陷入低潮；17/18 賽季初，他在 Carlo Ancelotti 率領的拜仁麾下得不到機會、最後以兩敗俱傷坐收，到了 2018 年俄羅斯世界盃，Thomas Müller 表現得近乎隱形，德國也一勝未得、小組賽慘遭淘汰。而當時已近昏庸的德國主帥 Joachim Löw 也逕自宣布不再徵召 Thomas Müller 和 Jerome Boateng、Mats Hummels 等三人進國家隊，囧穆的世界盃之旅看似終結。

但人生總是峰迴路轉，Thomas Müller 此後進化為拜仁助攻王、專門助攻波蘭神鋒 Robert Lewandowski，20 年帶領拜仁再度勇奪歐冠，這也讓 Joachim Löw 在翌年不得不在壓力下讓他重返國家隊。而如今，現任德國主帥是 20 年率領拜仁拿下六冠的 Hansi Flick，Thomas Müller 再度成為出征 2022 卡達世界盃的核心成員之一，只是囧穆已不再年輕，要用他經驗帶領日耳曼坦克，再度衝擊世界盃，而對 Thomas 自己而言，可能也是最後一次朝同胞 Miroslav Klose 保持的歷史紀錄，發起最後的衝擊。

李維 ｜ 西歐 比利時

需要世界盃再次證明自己的球王
伊登 阿札爾 Eden Hazard

　　他曾經以世界級球星的表現，讓人相信他可能足以取代 C 羅納度和梅西的當世球王地位，他也曾經率領比利時足球達到歷史最高峰，因此成為足球世界轉會費紀錄保持者。可是一登龍門，不僅沒有聲價十倍，反而是遭受傷患打擊，令他逐漸被世人遺忘。他需要 2022 年世界盃重新證明自己，他，就是比利時史上最全能的進攻球員 Eden Hazard。

　　Eden Hazard 的足球生涯，在加盟皇家馬德里之前，一直都是一條非常順遂的康莊大道。受惠於父母都曾經是職業足球員，所以不僅他擁有極高的天賦，高得甚至連 4 歲開始加入的少年隊教練都說他根本全都會，從來沒教過他什麼，連他的弟弟們都已逐漸邁向職業球員。雖然 Hazard 是比利時人，不過他選擇在接近比利時家鄉的法國球隊里爾展開球員生涯。Eden Hazard 在 16 歲的時候就第一次代表成年隊上場，17 歲就已經獲得穩定上場機會，雖然有一半比賽是替補出賽，仍然取得 4 個進球和 2 次助攻，更協助里爾拿到歐足聯盃參賽資格，他也成為第一個拿到法國最佳年青球員的外國

人。在 2009/10 年賽季，Hazard 正式成為里爾的進攻核心，只有 18 歲的他取得 5 個進球和 9 次助攻，不但是第一個連續兩個賽季，都拿到法國最佳年青球員獎的人，甚至獲提名競逐法國足球先生榮譽。

這時候 Eden Hazard 的名字已經跟不少歐洲豪門球隊牽起關係，同時也是比利時國家隊的主力，是世界足壇最受注目的潛力球員。不過這時候里爾教練團和比利時國家隊總教練都認為，Hazard 的比賽和訓練態度頗為懶散，導致狀態不太穩定。還好這名天才始終是受教之人，所以經過反省之後，他在 2010/11 年賽季大爆發，以 7 個聯賽進球和 9 次助攻，協助里爾奪得六十多年來第一次聯賽和盃賽雙料冠軍，Hazard 也當上史上最年輕的法國足球先生。不過，這只是他的璀璨開端。

Hazard 在接下來的 2011/12 年賽季變得更加厲害，雖然沒能協助里爾衛冕法甲，他卻取得 20 個進球和 18 次助攻，這樣的球王級表現，當然令他毫無疑問連續兩個賽季贏得法國足球先生榮譽。法甲這間小廟無法留住他，所以在 2012 年夏天，Hazard 轉投英超豪門切爾西。在水平高很多的英超賽場，Hazard 在第一個賽季就已經展現才能，在英超取得 9 個進球和 11 次助攻，

也協助球隊贏得歐足聯歐洲聯賽雙料冠軍，他也當選成為英格蘭最佳年青球員。在 2013/14 年賽季，Hazard 以 14 個進球和 7 次助攻的表現，再次贏得英格蘭最佳年青球員獎。

　　Eden Hazard 和比利時「黃金一代」在國際賽交了幾年學費之後，終於在 2014 年打進世界盃決賽圈。他在第一場和第二場分組賽都送上助攻，協助比利時晉級淘汰賽，結果在第一次國際大賽的八強戰輸給阿根廷出局。經過世界盃洗禮之後，Eden Hazard 在切爾西獲發 10 號球衣，而且以 14 個進球和 9 次助攻，協助切爾西贏得英超冠軍，他也當選英格蘭球員先生榮譽。可是到了 2015-16 年賽季，Eden Hazard 遇上職業生涯第一個低潮，他整個賽季都不在狀態，在歐冠和聯賽盃都射失十二碼球，整個賽季只有 4 個進球和 3 次助攻。還好他及時在 2016 年歐洲盃決賽圈奮起，以隊長身份出戰之下送出 4 次助攻，可惜還是在八強戰輸給威爾斯。

在 2016/17 年賽季，Eden Hazard 以 16 個進球和 7 次助攻，協助切爾西再次奪回英超冠軍，在接下來的一個賽季也贏得英格蘭足總盃。雖然 2017/18 年賽季的表現不算出眾，不過 Hazard 在 2018 年世界盃決賽圈打出了職業生涯最巔峰的狀態。他在第一場分組賽就送上助攻，然後在第二場分組賽梅開二度，協助比利時兩戰連捷。之後他率領比利時自 1986 年之後再次打進四強賽，雖然輸給法國無緣決賽，Eden Hazard 仍然在季軍戰進球，令比利時獲得史上最佳的世界盃成績。Hazard 也以 3 個進球和 2 次助攻，以及在三場比賽當選最佳球員的紀錄，獲得這一屆世界盃的銀球獎肯定。

帶著世界盃時的絕佳狀態，Eden Hazard 在 2018/19 年賽季繼續大發神威，在英超收穫 16 個進球和 15 次助攻，也在歐洲聯賽決賽梅開二度和助攻給隊友 Pedro 進球，成為切爾西以 4:1 大勝兵工廠再次奪冠的功臣。於是皇家馬德里決定在 2019 年夏天，以一億四千六百萬歐元的破紀錄轉會費把他羅致，希望他能夠填補 C 羅納度離開之後的巨大空缺，甚至把 7 號球衣給了他。

可是到了皇馬之後，Hazard 好像完全變了一個人，他不斷受傷患困擾，昔日的球王級表現完全消失了。雖然在皇馬三個賽季拿到兩次西甲冠軍和他期待已久的歐冠錦標，可是他的實際貢獻很少，三個西甲賽季加起來竟然只有 4 個進球和 5 次助攻，在 2021/22 年賽季甚至是生涯第一次沒有聯賽進球！於是連帶在 2020 年歐洲盃決賽圈，他也只在對丹麥的分組賽送上一次助攻，在八強還因傷缺席，成為球隊輸給義大利出局的原因之一。

還好這次世界盃決賽圈在 2022/23 年賽季開始之後才展開，他還有幾個月的時間回復狀態，也許經過這幾個月的調整，大家熟悉的 Eden Hazard 就會出現在卡達的球場，為比利時黃金一代爭取最後奪冠的機會。

李維 | 西歐 比利時

從棄將蛻變為世界第一
凱文 德布勞內 Kevin De Bruyne

比利時的「黃金一代」不知不覺已至黃昏階段，對於比利時來說，也許這次世界盃就是最後的奪冠機會。在「黃金一代」成員中比較年輕的 Kevin De Bruyne，相信也希望透過贏到世界盃冠軍，來證明自己是真正的當世中場第一球星。

無論是在比利時國家隊還是在曼城，Kevin De Bruyne 在這幾年毫無疑問是核心之中的核心，大家都認同他是現今其中一位最屬害的球員，甚至可以跟 C 羅納度和梅西爭一日長短。不過這個現今最全面的進攻手，在出道初期也曾經遇上被拋棄的命運，而且拋棄他的是名師 José Mourinho！

De Bruyne 在 2010/11 年賽季以 5 個進球和 16 次助攻，成為出道球會亨克打破安德萊赫特和布魯日壟斷，第三次拿到比甲冠軍的功臣。於是他在 2012 年 1 月就獲切爾西邀請加盟，先以租借形式繼續留效亨克，半個賽季之後正式加入切爾西，卻只踢了幾場季前熱身賽就再被送去德甲球隊文達不來梅。

De Bruyne 也相當爭氣，在不來梅的一個賽季射進 10 球，於是在 2013/14 年

賽季回歸切爾西。可是在賽季前的熱身賽受傷，而且不受主帥 Mourinho 重用，半個賽季只踢了三場英超比賽，結果在 2014 年 1 月還被賣回德甲的沃夫斯堡，在切爾西兩年就只踢了九場比賽，如果是最近幾年才看球的話，很難相信 De Bruyne 竟然在切爾西混得這麼慘。

　　還好在倫敦的不如意，並沒有影響 De Bruyne 在比利時國家隊的際遇，在比利時沒能闖進2012年歐洲盃決賽圈之後，De Bruyne 就開始成為比利時國家隊的主力球員，而且加入沃夫斯堡之後獲得上場機會，得以持續成長進化，令他可以在 2014 年世界盃決賽圈跟國家隊一起開展「黃金一代」的天下。De Bruyne 在十六強賽取得他的第一個世界盃決賽圈進球，協助比利時淘汰美國打進八強。

　　然後他在 2014/15 年賽季繼續以最佳狀態為沃夫斯堡南征北討，合共在德甲和歐洲聯賽射進 15 球，一舉奪得該賽季的德國足球先生榮譽。於是歐洲豪門的邀請也隨之而來，曼城是當中最積極的一支球隊。結果曼城以五千五百萬英鎊破沃爾夫斯堡紀錄的轉會費，將 De Bruyne 帶回英超，只是過了一年半時間，沃爾夫斯堡就從他身上賺了接近四千萬英鎊。

　　回到英超之後，Kevin De Bruyne 立即證明自己的能力，在第一個完整的英超賽季就取得 7 個進球和 9 次助攻，在 2015/16 年賽季協助整體表現低迷的曼城壓倒宿敵曼聯，獲得殿軍保住歐冠參賽資格。同時他也在歐冠八強戰次回合射進唯一進球，成為球隊淘汰巴黎聖日耳曼，首次殺進四強賽的功臣。

　　在 2016 年歐洲盃決賽圈，De Bruyne 繼續跟比利時一起挑戰冠軍寶座，他在十六強賽以兩個助攻成為球隊以 4：0 大勝匈牙利成為晉級的功臣，也獲選為英國廣播公司的比賽最佳球員，可惜比利時還是在八強止步。

回到曼城之後，De Bruyne 開始登頂歐洲足壇的助攻王，在 2016/17 年賽季竟然取得 18 次英超助攻，之後在 2017/18 年賽季也助攻了 16 次，成為曼城以歷史性一百分積分獲得英超冠軍的功臣，De Bruyne 也因此獲選為曼城隊內年度最佳球員。

到了 2018 年世界盃，De Bruyne 和比利時隊達到了至今為止的國家最高峰，De Bruyne 在第一場分組賽貢獻助攻，協助比利時輕取巴拿馬，然後他在八強賽攻破巴西大門，成為將五屆冠軍淘汰出局的功臣，也因此當選比賽最佳球員。雖然比利時在四強賽輸給了最終拿到冠軍的法國，不過在季軍戰擊敗了英格蘭，奪得比利時足球史上的世界盃最佳成績，De Bruyne 和比利時的戰友一同寫下史詩。

在 2018 年世界盃之後，De Bruyne 遇上另一個職業生涯的低潮，他在 2018/19 年賽季一直受膝部傷患困擾，所以在英超只有 11 次先發上場，只有 2 個進球和 2 次助攻，是出道以來為球隊貢獻最少的一次。不過他在足總盃決賽替補上場仍然取得 1 個進球和 2 次助攻，協助曼城奪得史上第一次英格蘭本土賽事三冠王，也算是難以忽視的亮點。

在 2019/20 年賽季，滿血復活的 De Bruyne 打出了職業生涯最亮眼的賽季，他在英超射進 13 球和送出平英超紀錄的 20 次助攻，成為曼城隊史上第一個拿到英格蘭足球先生和英格蘭球員先生雙料個人榮譽的球員。可惜曼城在這賽季遇上更厲害的利物浦，最終只能拿到聯賽盃冠軍。但隔年的 2020/21 年賽季，De Bruyne 再次率領曼城重奪英超冠軍，他也連續兩年奪得英格蘭足球先生榮譽。而且曼城首次挺進歐冠決賽，不過最終輸給他從前效力的切爾西，他也因為在比賽中弄傷頭部，一度出現沒能參與歐洲盃決賽圈的傷情。

還好 De Bruyne 最終得以前往新冠疫情下的歐洲盃，還在對丹麥的分組賽進球和助攻。可是在十六強賽淘汰葡萄牙一戰，他被對手弄傷足踝，縱然在八強賽可以

上場，可是因為是受傷沒有訓練之下出場，在狀態不佳下無法協助比利時抵抗義大利，最終只能夠再次敗倒在八強。

歐洲盃之後，De Bruyne 在曼城肩負 Sergio Agüero 離開之後的第一進攻手重任，所以角色從組織助攻轉變為爭取進球，他也漂亮勝任了這個任務在 2021/22 年賽季以 15 個進球和 8 次助攻，協助曼城衛冕英超成功。

轉眼之間，De Bruyne 也已經 30 歲了，相信這次世界盃是他爭取大力神盃的最後機會，他可以把握 C 羅和梅西雙驕老化即將淡出舞台的機會，率領比利時拿到冠軍，然後一舉奪得世界足球先生的最高榮譽嗎？

2022 世界盃 48 星

鄭先萌　　北美洲 加拿大

溫暖的紅色疾風
阿方索 戴維斯 Alphonse Davis

　　網路上流傳著這麼一段影片，2022 年 3 月 27 日，當加拿大以 4：0 擊敗牙買加，確定重返世界盃決賽圈時，一個在自己房間開直播、身著加拿大國家隊 T 恤的大男孩大叫一聲「Oh my god」，接著手足無措、時而拿起加拿大國旗揮舞，落下欣喜的男兒淚。你很難想像，這位看似鄰家球迷的青少年，Alphonso Davies，其實是他起了關鍵作用，讓楓葉軍團通過資格賽的考驗、前進卡達世界盃。

　　Alphonso Davies 出身寒微，父母在第二次賴比瑞亞內戰中流離失所、於迦納的 Buduburam 難民營中生下他。五歲時，他們舉家移居加拿大愛德蒙頓，迎來了 Alphonso 足球生涯的黎明。而 Alphonso 也極早嶄露頭角，2016 年 2 月，以 15 歲 3 個月的稚齡與溫哥華

白浪二隊簽下職業約，成為 USL(美國冠軍足球聯賽) 最年輕的選手。五個月後，他更跳級 MLS，成為繼美國神童 Freddy Adu 之後最年輕的大聯盟出賽球員。效力白浪的 Davies 進化腳步不曾停歇，在 MLS 的超齡活躍也引起拜仁、曼聯、巴塞隆納等歐洲超級豪門的注目，但紅魔高層並不積極，而巴薩當時的主席「大雄」Josep Bartomeu 更以「我們不需要加拿大人」否決了球探部門的建議，與這塊加拿大瑰寶失之交臂；而慧眼獨具的拜仁，最終以打破 Miguel Almirón 的 2200 萬美元 MLS 史上最高轉會費羅致 Alphonso 於麾下。

　　Alphonso Davies 的驚人爆發力、極快速度，讓他有了卡通人物「嗶嗶鳥」

(The Road Runner) 的外號，配合他高超的盤帶、傳射能力，讓他到了德國第一豪門也能無縫接軌、揮灑自如。2019/20 賽季，拜仁後防傷兵滿營，當時主帥 Hansi Flick 啟用 Davies 頂替受傷的 David Alaba 的左邊衛位置，而在溫哥華時期主踢邊鋒的他將這個位置演繹得極具侵略性，不僅在德甲大殺四方，在歐冠的淘汰賽中，也以速度和助攻幫拜仁過關斬將，更在準決賽助球隊以 8：2 大破巴薩、重重打臉 Bartomeu。在 19/20 賽季的最終，Alphonso Davies 協助拜仁勇奪六冠王，也成為史上首位捧起歐冠的加拿大人，年紀輕輕就建立了他在母國的巨星地位。

Alphonso Davies 自幼就參與加拿大各級青年國家隊的集訓，2017 年 6 月，他也如願以償、成為加拿大有史以來最年輕出賽的成年隊國腳。在北美金盃首戰面對蓋亞那進球、寫下金盃史上最年輕進球者的 Davies，迅速成為楓葉軍的王牌；此刻，銳意發展的加拿大國家隊早非吳下阿蒙，Davies 是皇冠上的珍珠、但絕非孤星，他與國家隊進球王 Cyle Larin、盤帶妖人 Tajon Buchanan(現效力布魯日)、拿下法甲冠軍的 Jonathan David(現效力里爾) 等一眾戰將讓北美紅軍突飛猛進。

2021 年 11 月 17 日，Alphonso 率領加拿大隊，在冰天雪地的主場、2：1 力克中北美第一強權墨西哥，以不敗之姿躍上世界盃資格賽分區榜首，讓過去被視為足球荒漠的加拿大舉國沸騰。只是不巧的是，就在前進卡達的最後衝刺階段，Alphonso Davies 因感染新冠肺炎引發心肌炎缺陣，但並不影響加拿大挺進世界盃，也意外造就他直播慶祝的名場面。而在大賽開幕前夕，身兼聯合國難民署大使的 Alphonso Davies 也不忘初衷，宣布要將世界盃的收入捐給慈善機構，讓他跟隨楓葉軍的歷史之旅、多了一層溫暖的意義。

李維 ｜ 東歐 克羅埃西亞

永不言老的球場魔術師
盧卡 莫德里奇 Luka Modrić

不知不覺，2022 年已經是 Modrić 踏進職業生涯的第十八個年頭了，從當初被譽為「克羅埃西亞的 Johan Cruijff」，到現在已經奠定地位為足球歷史上的其中一名準殿堂級巨星，球會比賽生涯可以說是從一開始就已經踏上高峰，從沒有掉下來。

Modrić 在剛出道的時候，就在薩格勒布發電機跟後來的兵工廠前鋒 Eduardo，以及後來國家隊的好搭檔 Mario Mandžukić 組成可怕的進攻三人組，並於 2007/08 年賽季還沒結束，就已經獲托特納姆熱刺提前下訂金，在 2008 年夏天將他帶到英超聯賽。

踏上英超賽場的初段時間，經過一段跟膝部傷患和高強度身體對決的適應期之後，在領隊 Harry Redknapp 的安排之下，他獲得很多參與進攻的自由空間，令他很快躍居英超最出色的進攻中場之一。可是熱刺總是拿不到冠軍，連最不重要的聯賽盃也沒有，因此也無法把優秀的球員留住。於是 2012 年夏天離開熱刺，去了皇家馬德里。

Modrić 在皇馬遇上可說是球會生涯的最低潮，並沒能達到當時的總教練 José Mourinho 對中場球員必須全力協守的要求，所以在皇馬的第一個賽季際遇不太好。還好在下半賽季為皇馬擊敗巴塞隆納和曼聯作出關鍵貢獻，才令他獲得皇馬教練團的信任，開始獲得先發位置。

他後來在皇馬的故事相信大家都很清楚了，也就是歐冠三連霸的典禮三中場之一。在前球王 Zinedine Zidane 擔任總教練的期間，進一步提升為世界最頂級的中場球星，並為皇馬效力十個賽季，為球隊拿到二十個冠軍，包括五次歐冠，四次世俱盃和三次西甲冠軍。在 2022/23 年賽季的時候，將會邁入 37 歲，可是仍然看不到他有什麼退化的跡象。

除了皇馬，Modrić 在克羅埃西亞國家隊也建立了豐功偉業。Modrić 出道的時候正值克羅埃西亞足球的青黃交接期，所以國家隊的成績都不太好。2006 年世界盃決賽圈就已經入選大名單，而且在對日本和澳洲兩場分組賽都有上陣，可惜球隊分組賽就淘汰出局。

2014 年世界盃，克羅埃西亞再次入圍決賽圈，跟地主國巴西、喀麥隆和墨西哥同一組，可是他那時候負傷上場，加上克羅埃西亞在南美洲賽場水土不服，結果接連輸給巴西和墨西哥黯然出局。

2016 年歐洲盃之後，Modrić 接替退出國家隊的 Darijo Srna，成為新一任克羅埃西亞隊長。克羅埃西亞在 2018 年世界盃決賽圈跟阿根廷、奈及利亞和冰島分在同一組，Modrić 第一場比賽就射進十二碼，協助球隊擊敗奈及利亞。

　　第二場比賽更以石破天驚的二十五碼遠射建功，率領克羅埃西亞以 3：0 技術性擊倒有梅西在陣的阿根廷，踢完兩場比賽就獲得晉級資格。到了十六強，協助球隊淘汰丹麥晉級。到了八強遇上地主國俄羅斯，在刺激的 PK 大戰中進球，令克羅埃西亞繼 1998 年之後再次打進四強。四強賽加時階段進球，以 2：1 擊敗英格蘭創造歷史，雖然在決賽以 2：4 輸給法國，不過 Modrić 還是壓過法國一眾冠軍球員，榮膺這一屆世界盃的金球獎。在世界盃和皇馬的優異表現，令 Modrić 在 2018 年甚至突破了 C 羅和梅西的壟斷，舉起法國《隊報》的金球獎，當然也是第一個拿到這項殊榮的克羅埃西亞人。

　　這一次是 Modrić 第四次參加世界盃決賽圈，相信也是最後一次。如果要再次率領球隊打進決賽，或許是不太現實，不過相信在這位不老的中場大師帶領之下，克羅埃西亞在這一屆決賽圈仍然不容任何球隊小覷的。

李維　｜　中歐 克羅埃西亞

這次他不想再做觀眾了
馬里歐 帕薩利奇 Mario Pašalić

　　Mario Pašalić 其實在克羅埃西亞成名很久，在德國出生的他選擇回到雙親的家鄉克羅埃西亞展開球員生涯。出身於該國名門球隊哈杜伊克，在 18 歲的時候已經站上球隊的主力，而且在三十場聯賽進了 11 球，對於中場球員來說是相當不錯的成績。於是入選了 2014 年克羅埃西亞的世界盃決賽圈初選名單，可惜仍落選於最終名單，沒能跟球隊去巴西參賽。

　　縱然無緣參加世界盃，Pašalić 也以三百萬英鎊轉會費加盟切爾西，那時他只有 19 歲。可惜切爾西把他不斷外借，只當作是從全世界挖來的潛力球員軍團的其中一人。他的第一站是西甲保級球隊埃爾切，整個賽季踢了 26 次先發，進了 3 球，但是球隊還是降級收場。

　　之後的幾個賽季，分別轉借去法甲的豪門球隊摩納哥、義甲的 AC 米蘭、俄超的莫斯科斯巴達，然後再外借到另一支義甲球隊亞特蘭大。他在亞特蘭大是半主力球員，協助球隊拿到義甲季軍和第一次拿到歐冠參賽資格。賽季結束之後，切爾西跟他續約，不過還是被借回到亞特蘭大，是他離開哈杜伊克之後，第一次連續兩個賽季效力於同一支球隊。

　　該年神奇的歐冠分組賽上，Pašalić 的精彩進球協助球隊打平曼城，而且在最後一場分組賽建功，協助亞特蘭大擊敗頓涅茨克礦工，創造在前三場比賽都輸，卻能在後三場分組賽全勝，取得晉級資格的奇蹟，沒有令球隊成為義甲之恥。歐冠

十六強賽首回合，他貢獻了兩次助攻，協助亞特蘭大淘汰瓦倫西亞，Pašalić 第一次踢歐冠就晉級八強賽。另一方面，他在 2019/20 年賽季的義甲射進 9 球，助攻 5 次，再次替球隊拿到聯賽季軍。

於是亞特蘭大決定以一千五百萬歐元轉會費把 Pašalić 買斷，飄泊多年的他終於在這支義甲新貴球隊找到歸宿。可惜在正式成為亞特蘭大一員的第一個賽季，因為傷患問題而只在聯賽踢了 10 場先發，不過仍然能夠射進 6 球和作出 2 次助攻，協助球隊連續三個賽季拿到聯賽季軍。這次他終於獲選參加歐洲盃決賽圈大軍，踢了國家隊七年才第一次參加國際大賽。

雖然他在歐洲盃決賽圈上場機會不多，只在第一場分組賽和十六強賽下半場替補上陣，不過也在十六強賽對西班牙一戰完場前進球，讓克羅埃西亞逼平對手，可惜球隊最終在加時賽還是輸了，Pašalić 的第一次國際大賽就此完結。

歐洲盃之後，Pašalić 開始成為克羅埃西亞國家隊的主力，在中場線協助 Luka Modrić 串連攻守。他在 2022 世界盃資格賽射進 3 球，為球隊連續三屆打進決賽圈。與此同時，雖然亞特蘭大在 2021/22 年賽季沒能延續之前的成績，他取得職業生涯最高的 13 個聯賽進球和 6 次助攻，兩項數據都是全隊最佳。因此無論在球會和國家隊，都已經身居新一代的中場核心，這次的世界盃決賽圈就是他在世人眼前發光發熱的機會。

李維　　北非 摩洛哥

新生代最強右後衛
阿計拉夫 哈基米 Ashraf Hakimi

Hakimi 雖然是摩洛哥人，不過他是西班牙製造的，而且還是出於名門皇家馬德里。父母是移民到西班牙的摩洛哥人，所以他是在西班牙出生，8 歲就加入皇家馬德里青訓系統，一直成長到 17 歲的時候，第一次代表皇馬成年隊上陣，跟隨皇馬到美國進行賽季前的集訓，第一場職業賽的對手就是他現在效力的巴黎聖日耳曼。

雖然 Hakimi 是在西班牙出生和長大，不過他在皇馬青年軍的時候就已經選擇代表父母的祖國摩洛哥踢球，從青年軍級別就已經上陣，並不是因為摩洛哥拿到世界盃決賽圈資格才決定歸化。畢竟他也是皇馬球員，所以年僅 19 歲在 2018 年世界盃決賽圈便成為必然先發。他在三場分組賽都踢滿，由於那時候需要遷就另一名踢右後衛的隊友，所以只在第一場比賽擔任三中衛的右邊那位，另外兩場比賽就踢左後衛。可惜摩洛哥在上屆世界盃決賽圈接連輸給伊朗和葡萄牙，雖然最後一場分組賽打平西班牙，仍然沒能晉級淘汰賽，第一次世界盃決賽圈就這樣平淡的結束了。

由於 Hakimi 在皇馬實在沒太多上場機會，所以他接受球隊安排，外借到德甲的多特蒙德。在多特蒙德獲得上陣機會之後，就立即展現他超強的速度和助攻能力。在 2018/19 年歐冠分組賽，他第一次出征就上演助攻帽子戲法，協助球隊擊敗馬德里競技。然後在 2019/20 年歐冠分組賽，多特蒙德擊敗布拉格斯拉維亞一戰，不僅取得第一個歐冠進球，還連續進 2

球成為球隊贏球功臣。之後在主場迎戰國際米蘭的比賽，再次梅開二度，協助多特
蒙德落後 2 球之下反敗為勝。最終多特蒙德壓倒國際米蘭晉級，他的功勞非常大。
在德甲的第二個賽季 29 次先發上場，成績是 5 顆進球 10 次助攻，而且在對柏林
聯一戰更打破德甲紀錄的 36.48 公里奔跑時速，讓人看到昔日巴西左後衛 Roberto
Carlos 的影子，當然這個是右後衛版本。

　　當國際米蘭希望出手網羅，皇馬收到四千萬歐元轉會費。到了水平更高的義甲
聯賽，他再次證明他擁有成為世界第一右後衛的本領。絕對主力地位在隊內無人能
夠動搖，在整個 2020/21 年義甲賽季射進 7 球，作出 8 次助攻，成為國際米蘭重奪
義甲冠軍的重要功臣。在去年的非洲國家盃決賽圈，他在對加彭一戰射進罰球，協
助球隊以 2 勝 1 平成績取得小組首名，然後在十六強再次射進罰球，率領摩洛哥擊
敗馬拉威打進八強。可惜在八強輸給埃及出局。

踢完非洲盃之後，Hakimi 以六千萬歐元轉會費加盟巴黎聖日耳曼，在一枝獨秀的法甲賽場，繼續表現出色，在整個賽季射進 4 球和貢獻 6 次助攻，協助巴黎拿到第十次法甲冠軍。比較可惜的是巴黎始終在歐冠沒有突破成績，他在分組賽和十六強賽全部比賽都以先發身分上場，仍然無法阻止球隊輸給他的舊東家皇馬而出局。

Hakimi 在這一次世界盃資格賽的附加賽首回合取得進球，帶領摩洛哥輕鬆擊敗民主剛果共和國，連續兩屆打進決賽圈。這次在分組賽遇上比利時、克羅埃西亞和加拿大，形勢跟上屆分組賽很接近。隨著 Hakimi 比上屆成熟不少，摩洛哥也許能夠打破兩支歐洲強隊瓜分淘汰賽席位的局面。

李維　　南美洲 巴西

廉頗雖老 仍能飯否
丹尼爾 阿爾維斯 Dani Alves

　　沒錯，這一章要介紹的是 Dani Alves。相信不少球迷看到這裡會覺得「不是吧？介紹巴西球星竟然要挑一個已經 39 歲的老頭？巴西隊沒人嗎？」雖然巴西現在的知名球星沒有以往那麼多，不過還沒到無人可用的地步。我們還是要挑一個應該是到了退休年齡的「老頭」來說，原因就是這個「老頭」實在厲害到難以忽視。

　　Dani Alves 以往多厲害，相信不用花太多時間跟大家再重複吧。從 2002 年由巴西登陸塞維利亞開始，Dani Alves 就是天生贏家，之後去了巴塞隆納更是攀上職業生涯的高峰，被專家譽為世界最強右後衛。在西班牙聯賽效力的十四年，Dani Alves 贏到所有可以獲得的獎盃，世俱盃、歐冠、歐足聯歐洲聯賽、西甲、西班牙盃，全部沒有落空。即使在 2016 年夏天離開巴薩，先是去了尤文圖斯，再轉到巴黎聖日耳曼，義甲和法甲冠軍獎牌也全都逃不過他的手掌心。

　　另一方面，Dani Alves 在巴西青年軍的時候，就已經協助巴西捧起 U20 世界盃。然後在 2007 年美洲盃第一次參加國際大賽，就在決賽做出傳中令阿根廷名將 Roberto Ayala 送烏龍球，從而協助巴西拿到美洲盃，兩年後也為巴西爭取到洲際國家

盃。然後在 2010、2014 年兩屆世界盃都以主力身
分代表巴西出戰，2014 年八強擊敗哥倫比亞之後，
還主動安慰落淚的對手 James Rodriguez，成為那
一屆世界盃的經典名場面。遺憾的是巴西在 2014 年
世界盃四強賽慘敗在德國腳下，然後 Dani Alves 在
2018 年法國盃決賽受傷，令他缺席了上屆世界盃決
賽圈。

不過 Dani Alves 沒有因此退出國家隊，還繼
續以主力身分參加 2019 年美洲盃。他取代了原本
的隊長內馬爾戴上隊長臂章，然後在第三場分組賽
以進球協助巴西擊敗秘魯。除了在八強賽對巴拉圭
一戰於 87 分鐘退下火線，其餘五場比賽都踢滿，
最終帶領巴西以地主國身分拿到冠軍，他也當選賽
事最有價值球員。縱然已經 36 歲，在 2019 年回到
巴西效力聖保羅，也能跟著球隊拿到聖保羅省聯賽
冠軍。而且一直踢右後衛的他竟然變成穿上 10 號
球衣的中場指揮官，「老年」轉型卻勝任有餘。

到了 2021 年夏天，Dani Alves 以 38 歲高齡代
表巴西參與奧運男足項目，而且他以隊長身分，在
日本攝氏三十多度高溫之下，以 17 天之內踢滿六
場比賽的每一分鐘之神勇表現，包括四強賽踢完加
時後，在 PK 大賽階段第一個射進，協助巴西淘汰
墨西哥，然後在決賽也踢到加時擊敗西班牙，率領
巴西衛冕金牌。這面金牌令 Dani Alves 成為奧運史

上最年長的足球項目金牌得主，也是他個人拿到的第四十七個獎項，一舉成為足球史上拿到冠軍最多的球員。拿到金牌之後，Dani Alves 揚言希望自己在退役前可以湊足五十個冠軍，當然這些冠軍當中要包括最重要的世界盃！

雖 然 Dani Alves 拿到奧運金牌之後，就因為肖像權問題跟聖保羅不歡而散，令他做了幾個月「無業遊民」。不過他在今年 1 月卻回歸巴塞隆納，幾個月沒踢球的他竟然再度回到巴薩的主力位置，半個賽季踢了十三場聯賽先發，做出三次助攻，令巴薩以西甲亞軍的好成績坐收。雖然賽季結束後他成為自由身球員，其後才轉戰墨西哥聯賽，繼續其足球生涯。不過為了拿到他完美生涯中唯一欠缺的大力神盃，相信 Dani Alves 總是有他的方法以最佳狀態，去卡達爭取這武林至尊的地位。

李維　｜　南美洲 巴西

他還可以證明自己是世界第一嗎？
內馬爾 Neymar

至少到目前為止，森巴希望 Neymar 最風光的足球生涯，無疑就是他效力巴塞隆納的那幾年。雖然屈居在 Messi 之下，位居巴塞隆納的第二號球星，不過在他和 Messi、Xavi、Andrés Iniesta 和 Luis Suárez 等人的合作下，巴塞隆納迎來隊史第三波高峰，囊括世俱盃、歐冠、西甲等所有重大賽事冠軍。雖然在 2014 年世界盃八強賽對哥倫比亞一戰受傷，令他無緣參與餘下賽事，成為巴西在四強賽慘敗在德國腳下，失落在自家門口競逐第六次世界盃冠軍的其中一個主要原因，不過第一次參加世界盃就斬獲 4 球，表現也是備受讚賞，甚至令人相信只要他繼續成長下去，新一代球王的寶座就屬於他。到了 2016 年夏天，Neymar 以超齡球員身分為巴西第二次征戰奧運男足項目，終於以地主國身分拿到史上第一面足球金牌，令巴西完成國際賽金滿貫，Neymar 在國際足壇的地位更上一層樓。

可是就在 2016 年夏天，Neymar 的踢球心態似乎變了。或許是奧運金牌令他滿足了，又或許是不甘永遠落在 Messi 之後，他毅然決定離開巴塞隆納，轉投水平明顯較次的法甲聯賽球隊巴黎聖日耳曼，在那裡享受高薪富足的生活。由於巴黎聖日耳曼的戰鬥力比其他法甲球隊強太多，Neymar 與球隊一起在法甲奪冠並不困難，只是歐冠一直打不出成績，贏過歐冠的 Neymar 似乎也不太在意這些。另一方面，去了巴黎之後總是遇上怪事，每年的二月老是會因為受傷而缺陣一段時間，有時候甚至是提早放暑假。剛巧這些應該是養傷的日子，他總選擇返回巴西，以跟妹妹舉行生日派對作為「療傷」方法，於是球迷對他質疑也愈來愈多。別說是要超越 Messi，這位巴西金童的職業生涯似乎比 Messi 下跌得更快。

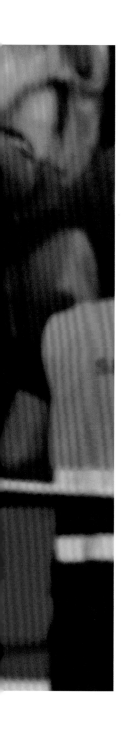

　　說回頭，Neymar 似乎在他認為是重要的時刻還是會拚命的。2018 年世界盃決賽圈，他在對哥斯大黎加的分組賽進球，協助球隊鎖定勝局。然後在十六強對墨西哥一戰，他取得一個進球和一次助攻，成為巴西以 2：0 贏球晉級的功臣。可惜他在八強最後關頭的射門被對手門將 Thibaut Courtois 救出來，沒能阻止巴西輸給比利時出局的遺憾。

　　在這一屆世界盃資格賽上，Neymar 也讓人看到這一次他是「玩真的」。他在第一場資格賽就大演帽子戲法，協助巴西以 4：2 擊敗秘魯，也令他的國際賽進球數目增加到 64 球，超越「外星人」Ronaldo 成為巴西史上進球第二多的球員。Neymar 最終在這一屆資格賽射進 8

球，帶著巴西早早拿下決賽圈資格。而且在 2021/22 年賽季，他終於沒有在冬去春來之際就受傷缺陣，為巴黎聖日耳曼踢了 22 場聯賽，進了 13 球，是他效力五個賽季以來聯賽上場次數最多的一個賽季。到了 6 月的國際賽期，Neymar 在韓國和日本身上取得 3 個進球，巴西輕易擊敗兩支世界盃決賽圈亞洲代表球隊，他的國際賽進球數目也增加到 74 球，比球王貝利只少 3 球。相信 Neymar 登頂巴西國家隊史上進球最多的傳奇是時間問題，也許就在今年世界盃決賽圈期間吧。

Neymar 在這次世界盃也許是最後一次以先發主力身分參加，就算下一屆再戰也已經 34 歲，留給他的機會顯然不多。他的前輩 Ronaldo 在 1998 年世界盃決賽的離奇失準之後，也遇上長達四年的低潮期，卻能在 2002 年世界盃一舉率領巴西拿到冠軍，為自己打一場漂亮的翻身仗。所以又有誰可以說準，動真格的 Neymar 在卡達的戰場上，不可能做到 Ronaldo 做過的事呢？

羅伊 | 中非 喀麥隆

非洲雄獅高飛低撲
安德烈 奧拿拿 André Onana

「非洲雄獅」喀麥隆有哪幾個大名鼎鼎的名將？射手 Roger Milla、Patrick M'Boma、Samuel Eto'o 全都是鋒線球員，來自後防、門將位置的好手卻寥寥可數，效力荷甲阿賈克斯、喀麥隆頭號門將 André Onana 正是近年異數，年少時獲得高度評價，曾受到豪門青睞，卻因意外令職業生涯盛年遇到波折，如今 Onana 終於有機會走上國際舞台，他又能否把握本屆世足機會，引領「非洲雄獅」在 G 組巴西、瑞

士及塞爾維亞等強敵中脫穎
而出，並為自己打響名堂？

1996 年 4 月 2 日，
Onana 於喀麥隆中部地區出
生，得益於祖國偶像、巴薩
名宿 Samuel Eto'o 設立的基
金，2010 年，年僅 14 歲的
Onana 越洋遠渡歐洲，到人
才輩出的巴塞隆納拉瑪西亞
青訓營學法。經歷五年的拉

瑪西亞青訓歲月，決定轉到荷甲班霸阿賈克斯尋求職業生涯突破，2016 至 17 球季
起穩坐先發門將一席，不論荷甲、歐冠、歐洲聯賽等賽事均有上佳演出，被譽為門
將新星，成為各大豪門引進的目標人物。

隨後數季表現持續平穩，148 場荷甲賽事僅失 125 球，力保不失的比賽多達
60 場；來到強手林立的歐冠，即使阿賈克斯並非奪冠大熱，Onana 仍在 37 場賽事
中（包括資格賽）保持 12 賽不失球（失 39 球），代表作當然數到 2018 至 19 年挺
進歐冠四強的黑馬賽季。2020 年 10 月 Onana 一次賽後檢查中尿液樣本對呋塞米
（Furosemide）呈陽性反應，歐洲足聯禁止他參與足球事務一年，其後會方上訴至
國際體育仲裁法庭，稱 Onana 因誤服妻子的藥物而出事，禁賽期最終減至 9 個月，
對如日中天的他來說是個出乎意料的打擊。

Onana 報稱身高 190cm（實際約 185cm 左右），超強反應及敏捷性造就他的
撲救技術，擅長應付近射及遠射，時有精彩撲救，更難得的是 Onana 在小禁區至
12 碼點位置擁有超強的統治力，不時敢於出迎沒收或手鏈撲走敵方的高空傳球，前

季在阿賈克斯撲救成功率高達 80%。或許因為來自拉瑪西亞，他練得不錯的腳法，尤其面對敵方的長傳突擊至禁區邊緣，他亦會洞悉形勢並果斷衝出禁區附近及早解圍，甚至控球給隊友重新組織，這一點與德國門神 Manuel Neuer 非常相似，也是現代出色守門員重要指標之一。

2022/23 賽季 Onana 表現因禁賽而受影響，聯賽撲救成功率僅得 44%，以他的水準來説絕不及格，作為近年最佳的非洲門將，Onana 的身價曾位列全球十大門將之一，只要能夠及時回復狀態，仍會是矚目球員。他今夏與完成荷甲四連霸的阿賈克斯的合約屆滿回復自由身，義甲國際米蘭、英超切爾西等對他虎視眈眈，而本人亦曾暗示希望重返培育他成才的巴塞隆納，最終國際米蘭延攬入隊，準備在義甲迎接新挑戰。

Onana 將擔綱喀麥隆國家隊的頭號門神，「非洲雄獅」於本屆小組賽身處 G 組，同組有巴西、瑞士及塞爾維亞三支攻力頗強的對手，面對 Neymar、Xherdan Shaqiri 及 Aleksandar Mitrović 等頂級鋒將，Onana 將會非常忙碌。有危自有機，球迷值得期待他的精采表現。

羅伊 | 東歐 塞爾維亞

東歐伊布
杜尚 弗拉霍維奇 Dušan Vlahović

「Dušan Vlahović 打法上比 Erling Haaland 更全面，但兩個人轉會費差不多，我們的前鋒顯然更超值。」塞爾維亞足總主席 Nenad Bjekovic 算不算賣花讚花香？Vlahović 被譽為「東歐伊布」，自必有因。

千禧年後 Vlahović 在貝爾格萊德出生，未曾經歷過戰亂，但對戰爭恨之入骨，皆因父母多年來幾度搬家，哥哥更不幸地喪於炮火之下，其手臂上就是兄弟的紋身。

來自中產家庭，父母想兒子將來行醫，但他自小就展露出優厚的足球天賦，年僅 15 歲便引起國外球隊青睞，甚至拒絕英超勁旅兵工廠開價 200 萬英鎊收購，跟國內豪門貝爾格勒游擊簽下職業合約，披上代表王牌前鋒的 9 號球衣。

　　果然，這名初生之犢在 15 歲就完成處子秀，不僅成為隊史最年輕進球者，同時刷新貝爾格萊德德比賽的最年輕上陣紀錄。他的身高達 190 公分，腳法出眾，傳控射皆能，自小已被視為「新伊布」，而他亦視伊布為偶像。

「他是超級厲害的新星，他說自己是來自貝爾格萊德的伊布，將來會效力最偉大的球隊，我喜歡他的自負和霸氣。」前保加利亞國腳 Valeri Bojinov，曾在貝爾格勒游擊與 Vlahović 共事，早早預言對方必成大器。

2018 年 1 月，他轉投義甲紫百合佛倫提那，2018/19 賽季正式登場，翌季嶄露頭角，之後兩個賽季出場 64 次，踢進 41 球，進球率相當驚人。此子是首位在義甲取得 20 球的千禧世代，也是自 2013/14 賽季後取得 16 個聯賽進球或以上的首位球員，更是紫百合自 1964 年後首位半場上演帽子戲法的球員，上位速度快如閃電。

2022 年 1 月 28 日生日，「進球機器」Vlahović 以 7000 萬歐元轉投尤文圖斯，改寫義甲冬季轉會費紀錄。過去就心儀他的兵工廠再次加入競爭，可惜再一次失敗而回。

Vlahović 作為現代型中鋒的佼佼者，速度、技術、對抗性、射術俱備，但他的缺點也是顯而易見——頂上功夫有待改善。他的頭槌進球極少，未能完全發揮其身材優勢，未來想跟挪威「怪物」Erling Haaland 爭一日長短，務必要下點苦功。

塞爾維亞國家隊的攻擊組合，除了英超中鋒 Aleksandar Mitrović 今年 27 歲之外，Luka Jović、Đorđe Jovanović 和 Dejan Joveljić 同樣未滿 25 歲，加上 22 歲的 Vlahović，年輕力壯的鋒線令人充滿憧憬。未來 Vlahović 和 Mitrović 若能找到合作方程式，足以組成無堅不摧的雙塔陣，令全球後衛聞風喪膽。

羅伊 | 中歐 瑞士

中場「雙面人」
格蘭尼特 扎卡 Granit Xhaka

脾性剛烈的中場 Granit Xhaka 出道以來，評價兩極，近乎「性格分裂」。他在英超勁旅阿森納，總是小不忍則亂大謀，吃牌連連，但在瑞士國家隊卻判若兩人，不僅保持強悍的一面，也能展現剛中帶柔的優點，並以隊長身分領軍殺進世界盃決賽圈。

Xhaka 一家是科索沃阿爾巴尼亞人，父親是政治犯，曾經入獄，1990 年獲釋後移居瑞士，兒子 Granit 在兩年後出生。他的哥哥 Taulant 同樣是足球員，但選擇投效阿爾巴尼亞，而弟弟代表瑞士，2009 年成為 U17 世界盃冠軍功臣，一年後升上巴塞爾一線隊，2012 年以 850 萬歐元改投德甲球隊慕森加柏，更以 22 歲之齡擔任隊長。

2016 年，Xhaka 以 3500 萬歐元加盟兵工廠，同年 9 月取得處子進球，一直擔任中場先發，至 2019 年取代離隊的 Laurent Koscielny 戴起隊長臂章。然而，他在場上經常無法控制情緒，更與球迷正面對峙，同年底被褫奪臂章，由 Pierre-Emerick Aubameyang 取代，更傳出將於 2020 年冬天掛牌出售。

「與球迷衝突爆發後，我已經收拾行李，準備好護照，也跟太太商量好，準備前往新東家。」他承認因為上任不久的總教練 Mikel Arteta 親自遊說，最終回心轉意，打消離隊念頭。後來，他憑自身表現重新獲得信任，足總盃決賽對切爾西先發上場，說明其地位不受動搖，並為球隊奪回久違的重要冠軍。

　　能力愈大，責任愈大，Xhaka 在英超經常頭腦發熱，但在國際賽表現平穩，迄今為瑞士出戰超過 100 場，雖然不是經常有直接助攻，但往往是攻勢的啟動者，盡現大將之風，甚至被視為「國民英雄」。「他是舉足輕重的場上領袖，尤其在中場位置，負責控制比賽節奏。」前兵工廠後衛 Per Mertesacker 如此形容他。

　　這名中場為人率性，曾公開批評隊友「缺乏膽量」，也承認與球迷之間的關係難以完全修補。事實上，他是 Arsène Wenger 時代留下的功勳老臣，槍手粉絲對他是既愛又恨，2022 年 1 月聯賽盃四強對利物浦時，被罰了加盟後第五面紅牌，但主場對曼聯踢進 25 碼世界波遠射，獲球迷選為年度最佳進球。

Xhaka 的太太 Leonita Lekaj 同樣是科索沃阿爾巴尼亞人，背景相似，自然志趣相合，感情穩定。兩人在慕森加柏相識，不久認定終生，2017 年夏天舉行婚禮，兩年後誕下女兒 Ayana，一家三口幸福美滿。

2022 世界盃 48 星

羅伊 | 中歐 瑞士

瑞士梅西
傑爾丹 沙奇里 Xherdan Shaqiri

有「瑞士梅西」之稱的 Xherdan Shaqiri，天賦甚高，在球會級比賽榮譽等身，卻鬱鬱不得志；在國家隊鮮有榮譽，卻能夠在世界盃舞台發熱發亮。

Shaqiri 出身自瑞士班霸巴塞爾，短短兩年間，就由巴塞爾 U18 連升兩級到一隊，並成為主力。他在瑞士超上陣 32 場，協助該支瑞士勁旅在 2009/10 年球季奪下國內「雙冠王」。其後他不僅替巴塞爾兩度成功衛冕瑞士超級聯賽冠軍，並在對曼聯的歐洲冠軍聯賽中梅開二度，在 2012 年第二度榮膺瑞士足球先生。也藉此獲得拜仁慕尼黑垂青，在拜仁兩奪德甲冠軍，更是 12/13 年球季歐洲冠軍聯賽的冠軍成員。在 2015 年冬季，他獲外借至國際米蘭，表現一般，並一度轉戰英超斯托克城，幸於 18/19 年球季加盟利物浦，並收獲個人的第二面歐洲冠軍聯賽獎盃，在翌季更

協助紅軍首奪英超冠軍。

連同盃賽冠軍，Shaqiri 名利雙收的背後卻非盡如人意，甚至頗有「既生瑜，何生亮」的無奈。2013 年，荷蘭邊鋒 Arjen Robben 在歐洲冠軍聯賽決賽攻入致勝球，Shaqiri 只能待在替補席未能上陣。在德甲，他只能趁著 Robben 受傷缺陣時才有先發機會。在 2013/14 年賽季，Shaqiri 在德甲的先發上陣次數只及 Robben 的一半，自己也飽受傷患困擾。2015 年夏天轉投英超中游的斯托克城後，3 季一共先發上陣 80 次，加入利物浦後在對曼聯一役踢進兩球，是紅魔名帥 José Mourinho 被解僱的導火線。

可是，「非洲雙雄」Sadio Mané 及 Mohamed Salah 牢牢占據左右兩邊鋒席位，兩人分別在英超上陣 35 及 37 次，並同樣踢進 22 球，讓 Shaqiri 斯人獨憔悴。翌季利物浦奪得英超冠軍，可是 Shaqiri 因傷缺陣 20 場賽事，連同替補，他只能上陣 7 次，「非洲雙雄」則火熱依然，合共貢獻 37 球。

2014 年 6 月，Shaqiri 最終趕及參與世界盃決賽圈，並在對宏都拉斯一役大演帽子戲法。在 2018 年世界盃，他不僅交出一記關鍵助攻，助瑞士以 1：1 逼平巴西，並且對塞爾維亞射進致勝球，瑞士在兩屆比賽均能晉身複賽，可以説世界盃才是 Shaqiri 最榮耀的舞台。

Shaqiri 之所以被稱為「瑞士梅西」，其左腳射術出眾和技術嫻熟是主要原因，然而速度不及梅西、Robben 及 Salah，連同復發傷勢，令他不進反退。2021 年夏季，他轉戰法甲里昂並不得志，不足半年就轉投美職俱樂部芝加哥火焰。2022 年夏天，他在前 4 場歐洲國家聯賽先發 3 次，看來他在國家隊位置仍然牢固，征戰卡達世界盃瑞士將繼續仰仗他的發揮。

2022 世界盃 48 足

破風 | 西非 迦納

西班牙製造的迦納鐵人前鋒
伊亞基 威廉斯 Iñaki Williams

　　迦納在 2022 年世界盃資格賽擊退強敵奈及利亞，搶下決賽圈的門票，仍然是倚靠為國征戰多年的 Ayew 兄弟建功立業。不過隨著迦納足協到處尋找歸化球員加入，迦納的實力將會更強。在這一批歸化球員之中，來自西班牙的 Iñaki Williams 是最重要的一員。

　　與其說 Iñaki Williams 是來自西班牙，或許講巴斯克製造更加合適。他的父母在他還沒出生的時候，就已經從迦納橫渡非洲大陸和地中海，移民到巴斯克地區首府畢爾巴鄂，然後在當地誕下 Iñaki 和現在是他隊友的弟弟 Nico。由於擁有天賦和像子彈般的速度，在少年時代就已經被巴斯克地區的豪門球隊畢爾包相中，在 18 歲的時候加入青年軍。起初他先在第四級聯賽的衛星球隊征戰，然後升到二隊參與第三級的西乙 B 聯賽，踢了 31 場比賽進了 23 球。因此 Iñaki Williams 在 2014 年 12 月，就獲提拔至成年隊，第一次參與西甲賽事。由於畢爾包多年來都只會起用巴斯克血統，或在巴斯克地區出生的球員，所以 Iñaki Williams 成為球會史上第一個全非洲血統的球員。

　　Iñaki Williams 在畢爾包的第一個賽季就立即站穩球隊主力,在西甲和歐洲聯賽三十二強賽進球,是球會史上第一個取得進球的非洲球員,然後在西班牙國王盃決賽輸給巴塞隆納一戰,為球隊射進唯一的進球。他在第二個賽季進步更加明顯,在國內和歐洲賽踢 37 場比賽,進了 13 球,於是引起兵工廠、利物浦和曼城等英超豪門球隊的關注,也為他帶來西班牙國家隊的徵召,在歐洲盃決賽圈前的熱身賽擊敗波赫一戰替補上場,也入選歐洲盃決賽圈的初選名單,可惜最終無緣參賽,往後也一直再沒有獲得徵召。

　　或許 Iñaki Williams 不被西班牙國家隊接納的原因,是他在西甲聯賽的進球數字不算很多。從 2016/17 年賽季開始,連續六個賽季的西甲比賽全部上場,可是

除了在 2018/19 年賽季的 13 球，其餘五個賽季的聯賽進球都沒有達到雙位數字。不過考慮到畢爾包一直只是起用巴斯克球員，戰力難以跟巴塞隆納和皇家馬德里等豪門相比，進球的機會自然沒豪門球隊的球員多。所以進球數字並不一定能反映他的真正實力，反而可以從畢爾包在 2019 年夏天跟他續約十年，將違約金額增至一億三千五百萬歐元，看出他的價值。

Iñaki Williams 最特別的地方，是他在最近六個賽季，完全沒有因為受傷和禁賽而缺席過任一場西甲比賽。2021/22 年賽季結束之後，他在西甲累計 230 場連續上陣，成為西甲史上最多連續上場次數的「鐵人」。

由於一直等不到西班牙國家隊徵召，所以在 2021 年開始，Iñaki Williams 決定不再等，第一次表示希望為父母的祖國上場。然後在今年夏天，迦納足協宣布他轉換國際的消息，準備接受迦納國家隊徵召，參與卡達世界盃決賽圈，在足球界最大的舞台上「全勤」打卡。

破風 ｜ 南美洲 烏拉圭

烏拉圭的新神鋒
達爾文 努涅斯 Darwin Núñez

　　烏拉圭雖然是南美洲小國，人口只有三百多萬，卻是曾經四次稱霸世界足壇的王者（兩屆世界盃冠軍及兩屆奧運金牌），而且近年一直出產世界級前鋒，從 1980 年代的 Enzo Francescoli、1990 年代的 Álvaro Recoba、2000 年代的 Diego Forlán，之後的 Luis Suárez 和 Edinson Cavani，全都是世界足球史上響亮的名字。當 Suárez 和 Cavani 開始老退之時，如今 Darwin Núñez 及時出來接班，他將會是烏拉圭在 2022 年能夠走多遠的關鍵人物。

Darwin Núñez 擁有 187 公分的身材，而且速度很快，力量也很強，左右腳都能夠射門，具備所有超級前鋒的條件。不過他在家鄉球隊 Peñarol 出道的時候並不是一帆風順，18 歲的時候升上成年隊，就立即受到膝傷，令他在 2017 年幾乎沒踢幾場比賽。好不容易在 2017 年 11 月踢了第一場職業賽，豈料該死的膝傷又找上了他，於是 2018 年又是在養傷之下度日。直到職業生涯第二個賽季差不多完結的時候，才進了第一個球。2019 年 7 月，Núñez 在 Peñarol 對波士頓河流的比賽第一次上演帽子戲法，協助球隊以 4：0 大勝。Núñez 這一場比賽的表現吸引了西班牙乙級聯賽球隊阿爾梅利亞的注意，於是在 2019 年夏天，Núñez 以四百五十萬美元轉會費登陸西乙聯賽。

　　克服了傷患和經歷了兩個月的適應期之後，Darwin Núñez 在 2019 年 10 月對埃斯特馬度拉的聯賽以十二碼射進在歐洲聯賽的第一個進球，協助阿爾梅利亞以 3：2 贏球。之後 Darwin Núñez 愈戰愈勇，在 2019/20 年西乙賽季踢了三十場進了 16 球，在這一賽季的西乙射手榜排名第四，這時候他還不到 20 歲。

　　葡萄牙豪門球隊本菲卡看到他的潛質，於是決定在 2020 年夏天以破球會紀錄的二千四百萬歐元轉會費，也是西乙歷來的轉會費紀錄，將他帶到更高水平的葡萄牙超級聯賽，以及歐洲聯賽的賽場。他第一次參加歐冠聯賽就在分組賽繳出帽子戲法，協助本菲卡以 4：2 擊敗波蘭球隊萊赫波茲南。雖然在葡超的第一個賽季，Darwin Núñez 因受傷與染疫新冠肺炎，上陣機會減少，不過仍然能夠在葡超射進 6 球，以及送出那一賽季葡超第二多的 10 次助攻，展現他的全能前鋒特色。

　　到了 2021/22 年賽季，動完膝部手術的 Darwin Núñez 開始大爆發，在歐冠賽場上表現神勇，首先是在分組賽梅開二度，成為本菲卡以 3：0 大勝巴塞隆納的功臣，然後在十六強賽次回合射進關鍵球，協助本菲卡淘汰阿賈克斯晉級。在歐冠八強，本菲卡雖然完敗於利物浦腳下出局，不過在兩回合都能攻破「紅軍」大門，以 6 個

進球打破名宿 Nuno Gomes 的紀錄，成為本菲卡在改制後的歐冠進球最多的球員。
另一方面，Darwin Núñez 在 2021/22 年賽季踢了 28 場聯賽進了 26 球，勇奪葡超
金靴獎。結果利物浦在 2022 年夏天掏出六千四百萬英鎊轉會費收購他，由他代替離
隊的 Sadio Mané 組成紅軍全新三劍客。

　　在國家隊部份，隨著 Edinson Cavani 的淡出，Darwin Núñez 已經穩居烏拉圭
的先發前鋒，他將在卡達的世界盃賽場跟前輩 Suárez 搭檔，相信在前輩們的鼓勵之
下，Darwin Núñez 將充滿自信地開啟烏拉圭新一代核心之路。

破風 ｜ 南美洲 烏拉圭

不再咬人的烏拉圭漢尼拔
路易斯 蘇亞雷斯 Luis Suárez

每當提起烏拉圭前鋒 Luis Suárez，相信不少球迷的印象還留在他獸性大發，在比賽中狠咬對手的一幕。不過這名烏拉圭史上進球最多的傳奇前鋒也已步入生涯尾聲，他將會在卡達第四次出戰世界盃決賽圈，為兩屆冠軍烏拉圭重拾昔日光輝付出最後一分努力。

Luis Suárez 從小就是一個爭議人物，當他還是童年時期，就曾經被汽車輾過雙腿導致腿骨斷裂，可是他沒有服輸，不僅沒有放棄足球，而且踢得愈來愈好。他擁有很強的足球天賦，在初出道的時候卻是壞事做盡，曾經因為不滿裁判罰他紅牌，竟然以頭撞對方報復，還經常流連派對和染上酗酒惡習，還好他及時回頭，才沒有荒廢得之不易的才能。19 歲的時候，獲荷甲球隊格羅寧根垂青，他一口答應加盟，原因竟然是他的女友，也是現在的妻子去了巴塞隆納，轉隊只是為了拉近彼此的距離。

Luis Suárez 在荷甲很快就成名，雖然不斷在場上出現紀律問題，不過踢了一個賽季就獲得豪門阿賈克斯賞識。格羅寧根起初因為轉會費問題而拒絕，Luis Suárez 覺得不滿，竟然把母隊告上法院，還好阿賈克斯趕緊加注，才令轉會的風波圓滿解決。他在阿賈克斯獲得更大的進步，三個賽季射進 74 球，其中在 2009/10 年賽季以 35 球勇奪荷甲金靴獎。於是入選烏拉圭國家隊，在 2010 年世界盃決賽圈首次亮相國際大賽，那時候他的角色還只是 Diego Forlán 的副手，不過在擊敗墨西哥的分組賽，以及十六強賽淘汰韓國兩場比賽就進了 3 球。

到了八強，烏拉圭與迦納鏖戰到延長賽仍是 0：0 僵局，Luis Suárez 卻在延長賽結束前用雙手將迦納的必進球攔下，結果當然是領了紅牌，對手並獲得十二碼。可是迦納前鋒 Asamoah Gyan 射失了，最終烏拉圭在一翻兩瞪眼的 PK 大戰中淘汰對手，六十年來首次打進四強，Luis Suárez 以意外的形式立下大功！

協助烏拉圭拿到世界盃殿軍之後，Luis Suárez 繼續為阿賈克斯建功，可是在 2010 年對 PSV 埃因霍溫的比賽竟然咬了對手一口，這事令他被罰停賽，荷蘭媒體稱他是「漢尼拔」（吸血鬼）。事件加速了他離開荷蘭的步伐。結果加盟去了利物浦，完美取代了西班牙金童 Fernando Torres 離開之後留下的空缺。

Luis Suárez 在利物浦躍居世界知名的前鋒，首先是在 2011 年美洲盃以 4 個進球，協助烏拉圭奪得冠軍，然後在 2013 年的洲際國家盃擊敗大溪地一戰射進第 35 個國際賽進球，成為烏拉圭史上進球最多的球員。繼而在 2013/14 年賽季還以 31 個進球，一舉勇奪英超金靴獎、歐洲金靴獎、英格蘭足球先生和英格蘭球員先生四項個人大獎。不過另一方面，他在 2013 年四月再次吸血鬼附身，在英超比賽咬了切爾西後衛 Branislav Ivanović 一口，事件甚至受時任英國首相卡梅倫公開指責。

然後 Luis Suárez 再次代表烏拉圭征戰 2014 年世界盃決賽圈，這時的他已經跟四年前完全不同，以世界知名球星的身分，隨著 Forlán 的老去，在國家隊已經從副手變為進攻核心。他在對英格蘭一戰

梅開二度，是球隊贏球功臣。可是在最後一場分組賽對義大利，發生了世人至今記憶猶新的一幕，就是他在世人面前張口狠咬鐵衛 Giorgio Chiellini。他當然立即拿了紅牌，不過烏拉圭少了一人還是擊敗義大利取得晉級資格。由於 Luis Suárez 在世界盃賽場咬人的畫面被太多球迷看到，而且他已經是第三次咬人，所以國際足聯決定嚴懲他，重罰禁賽九場，於是 Luis Suárez 的世界盃之旅提早結束，烏拉圭沒了他在十六強賽就出局了，他也無法參加 2015 年的美洲盃。

受罰的 Luis Suárez 確實也學乖了，經過這次禁賽風波之後，他再也沒有咬人。而且咬人事件沒有阻止巴塞隆納收購他的決心，2014 年世界盃後，他就以五千八百萬英鎊轉會費離開利物浦轉戰西甲。在巴薩跟 Lionel Messi 和 Neymar 組成舉世無雙的「MSN」組合，第一個賽季就連奪歐冠、西甲、西班牙盃三料冠軍。Luis Suárez 在巴薩的第二個賽季雖然只能夠衛冕西甲，卻能打進職業生涯史上最多的 40 球，一舉拿下西甲和歐洲金靴獎，是 2009 年之後第一個能夠打破 C 羅和梅西壟斷西甲金靴獎的人。

隨著年齡和傷患的增加，Luis Suárez 逐漸難以兼顧國際賽和球會賽事，雖然繼續為巴薩進球建功立業，可是在國家隊的表現和貢獻愈來愈少。到了 2018 年世界盃決賽圈，他仍然是主力前鋒，而且在擊敗沙烏地阿拉伯和俄羅斯兩場比賽都有進球，不過表現被隊友 Edinson Cavani 掩蓋。當 Cavani 在八強因傷沒能上陣，Luis Suárez 已經無法獨力抵抗法國，最終完敗在當屆冠軍腳下。

2019/20 年賽季，Luis Suárez 效力的巴塞隆納開始衰落，他也被投閒置散，不再是不動先發，球隊也是他效力六年間第一次「四大皆空」，可是整個賽季他仍然射進 16 球。所以賽季之後他被巴薩放棄，第一次成為自由球員，也立即獲得馬德里競技把他收歸旗下。

還好 Luis Suárez 相當爭氣，雖然已經 34 歲，仍然在 2020/21 年賽季的西甲射進 21 球，為馬德里競技重奪久違的西甲冠軍。可是他確實老了，而且馬德里競技在 2021/22 年賽季的整體表現也不好，所以整個賽季只進了 11 球，賽季之後再以自由身離開，並重返烏拉圭聯賽效力，目前年屆 35 歲，相信卡達世界盃是最後一次參加了。烏拉圭已經有七十二年沒拿過世界盃，或許要再次成為世界第一是有點困難，不過總是熱血昂揚的 Luis Suárez 肯定會盡他最後一分力，率領烏拉圭做最後一趟衝刺。

喬齊安 | 南歐 葡萄牙

追隨偶像之路的彼方
布魯諾 費南德斯 Bruno Fernandes

Bruno Fernandes 似乎在葡萄牙國家隊找到了屬於他的位置。2020 年歐洲國家盃上碌碌無為、後來更被按在板凳上的這位曼聯核心，在 9 月底的歐洲國家聯賽對陣捷克的比賽中替補出陣上演了得分與助攻秀，並展現出充沛的活力。主帥 Fernando Santos 排出擅守的雙後腰，給予 B 費與 B 席更多推進到禁區前緣的自由，也釋放了 B 費在控球時主導全隊攻勢的指揮官視野。對於這位已經 28 歲，為葡萄

牙出賽 42 場，卻在國家隊中仍欠缺代表作的「球星」，2022 年世界盃將是考驗他是否能蛻變為「巨星」的關鍵一役。

　　Bruno 自小就以「沒有 B 計畫」的態度，決心成為一名職業足球員。11 歲輟學的他在義大利克服了語言與文化的隔閡，從烏迪內斯出道，並在桑普多利亞展現出被各大球隊追逐的新秀天賦。毫無疑問，這位土生土長的波爾圖人的偶像就是國家史上最了不起的英雄 C 羅。他在 2021 年出版的傳記中回憶：「在葡萄牙，英超聯賽的球衣並不好找，就算有也是很昂貴的……」他就是一個夢寐以求一件曼聯 7 號球衣的小球迷，期望未來能前往英格蘭踢球。而 Bruno 也真的追隨偶像腳步逐漸實踐夢想，他進入了 C 羅出道的葡萄牙體育，在 2018 年獲得葡超聯賽年度最佳球員，更在 2020 年冬窗轉會踏上了老特拉福球場的草皮。

　　在後 Ferguson 時代紅魔許多引援中，B 費肯定是最成功漂亮的一筆。他打破眾人對其身體素質難以在英超生存的質疑，迅速地適應了第一聯賽的強度，在加盟的第二個月就連奪英超、曼聯當月最佳球員，並一步步躋身世界級球星。主帥 Ole Solskjaer 對其「Paul Scholes 與 Juan Verón 的混合體！」的評價很好地呈現了 B 費的技術特點。他是標準的 10 號攻擊中場，不但能夠準確地餵出各種傳球給前鋒吃餅，更是位致命的遠射高手。無論是 30 碼外的一腳重砲、或是自由球與點球的高掌握度，都能在球隊任何時刻做出貢獻。

　　而 Bruno 也彷彿繼承了 C 羅的火熱鬥志，雖然他有過於黏球而掉球的缺點，但在前場壓迫對手的防守中也很快能夠奪回球權，那股活力總是激勵全隊更為積極。曼聯 18 號同樣具有無球跑動意識，不時能看到他插入禁區搶點得分。這位多才多藝的球星在紅魔迎來 C 羅回歸後，卻陷入了生涯的大低潮，與偶像共同作戰並非容易的事。Bruno 所剩的時間已經不多，實踐了 C 羅成名之路的他正渴求著世界盃與英超的冠軍獎盃，走出屬於自己的偉大航道。

2022 世界盃 48 屆

喬齊安 | 南歐 葡萄牙

GOAT 之爭的最後一舞
克里斯蒂亞諾 羅納度 Cristiano Ronaldo

　　2022 年的卡達，極大可能是球迷見證統治足壇整個世代的「絕代雙驕」最後一次代表國家隊，踏進世界盃的舞台上。偏偏就在這個重要時刻，本賽季的 C 羅表現陷入職業生涯最大的低潮。英雄遲暮是不變的定律，這是高齡 37 歲的他敵不過歲月的必然下滑？抑或是季前太晚加入曼聯訓練尚未進入狀態，仍有蹲低後躍起的機會？

　　作為全球知名度最高、關注粉絲最多的職業運動巨星，C 羅的一舉一動總是備受注目。在 2020 年歐國盃記者會上將可樂推開的「名場面」，就讓可口可樂公司市值蒸發掉 40 億美元。2021 年 C 羅閃電回歸他成名的曼聯，促成一樁美談。而紅魔自 2013 賽季之後已經多年無力問鼎英超，雙方都期待回歸是重返榮耀的前奏。雖然因防守崩盤、傷兵頻繁，最後只以第六名坐收。但 C 羅繳出的英超 18 粒進球已是 Robin van Persie 在奪冠賽季後，曼聯單賽季球員的最多得分紀錄。歐冠小組賽上的 6 顆進球更是彌足珍貴，一再於逆風時力挽狂瀾，無愧其「歐冠之王」之名。

　　C 羅是台不可思議的進球機器。年輕時在邊路起家，以盤球過人、傳中見長的「小小羅」，曾被稱為是葡萄牙傳奇 Figo 的接班人。但在 Alexander Ferguson 的慧眼改造下，逐漸磨練出他的進球嗅覺，以鍛鍊得益發強壯的肉體為後盾，成為一位現代足球最全能的前鋒。他在場上幾乎沒有弱點，左右腳都能破門、還有屢屢於焦土戰中突破重圍的歷史級頭球能力。巔峰時的 C 羅不但能以身體素質硬吃所有對手，還擁有優異的球商，也就是無球跑位、預判落點的智慧。時常看到他突然出

現在巧妙的位置、輕鬆將球送進大門，後衛防不勝防。他就是力量與技術兼具的最強中鋒典範。當場上欠缺組織者時，我們也能看到Ｃ羅在國家隊、曼聯、尤文圖斯回撤為隊友創造機會的好身手。

在 2021 年底，Ｃ羅成為史上第一位在有統計數據以來的頂級賽事中生涯進球數超過 800 球的男人。而他在葡萄牙累積的 117 個進球，也讓他以歷史第一射手的成就，壓過宿敵 Lionel Messi。2016 年史詩級的歐國盃冠軍、2019 年歐國聯賽冠軍、皇家馬德里的歐冠三連霸、五座貨真價實的金球獎，無論是否與 Messi 生於同一時代、又或者自傲的性格招黑無數，都無從抹滅Ｃ羅足以競爭 GOAT 的偉大生涯。2022 年世界盃上的結局，亦會定調雙驕的歷史地位，就讓我們祝福與欣賞Ｃ羅在最後一舞上無怨無悔的謝幕演出。

破風 | 東亞 韓國

德國製的亞洲球王
孫興慜

　　孫興慜能夠有今天的成就，除了自身的努力，擁有好父親的支持也是很重要
的。他的父親孫雄正在年輕的時候也是職業球員，雖然只是不起眼的韓國聯賽前鋒，
但明白到韓國的足球訓練系統根本無法和歐洲的相比，所以在孫興慜剛上高中的時
候，就帶著兒子去德國融入當地的青訓體系。於是孫興慜在 16 歲的時候加入漢堡青
年軍，然後代表韓國參加 2009 年 U17 世界盃決賽圈，以進球協助球隊擊敗烏拉圭
和阿爾及利亞晉級淘汰賽。

踢完 U17 世界盃之後，孫興慜開始為漢堡二隊在德國地區聯賽上場，踢了半個賽季就在 2010 年夏天的季前賽把握機會表現自己，從而獲得一份職業合約做為 18 歲生日禮物。

在漢堡的前兩個賽季雖然只是輪換球員，不過也把握機會射進 8 球，於是在 2012/13 年賽季，他就獲得重用當上球隊首選前鋒，而且以 12 個進球成為第五名在歐洲聯賽賽季射進超過 10 球的韓國人。在這段期間，也很快躍居韓國國家隊的主力成員，在 2011 年亞洲盃決賽圈擊敗印度一戰，只有 18 歲的他打破亞洲盃決賽圈最年輕進球者紀錄。

孫興慜沒有留在漢堡很久，踢了一個賽季主力之後，就以打破球會紀錄的一千萬歐元轉會費加盟勒沃庫森，並很快就在新東家證明自己的價值，協助勒沃庫森重

返歐冠大賽。於是帶著火熱的狀態出戰 2014 年世界盃決賽圈，可是韓國表現不佳，在分組賽沒有贏球之下出局，但孫興慜也在輸給阿爾及利亞一戰射進自己第一個世界盃決賽圈進球。

他在勒沃庫森接下來的兩個賽季都有雙位數字進球，也率領韓國打進 2015 年亞洲盃決賽，可惜縱然他在決賽完場前進球，令比賽進入加時，韓國最終仍然輸給澳洲無緣錦標。2016 年夏天，孫興慜獲得托特納姆熱刺的賞識，於是以二千二百萬英鎊轉會費登陸英超，打破了 2001 年中田英壽從

羅馬轉投帕爾馬的轉會費紀錄，成為史上身價最高的亞洲球員。

　　加入熱刺的時候孫興慜是 24 歲，也是每個韓國男足球員開始面對兵役問題的年歲。他本來可以透過為韓國拿到 2014 年亞運會金牌來縮短服役問題，可是當時他的球會勒沃庫森不放行，於是他唯有以超齡球員身分參加 2016 年奧運會男足項目。可是韓國在八強戰就輸給宏都拉斯出局，令他的兵役問題沒能解決。踢完奧運會後回到熱刺，先是獲得 9 月份的英超最佳球員獎項，這是第一個贏到這個獎項的亞洲人。然後在這個賽季進了 14 球。到了 2017 年 11 月，射進在英超的第 20 球，協助熱刺擊敗水晶宮，還超越朴智星成為英超史上進球最多的亞洲人。

　　於是孫興慜又帶著良好的狀態，在 2018 年夏天為韓國出戰世界盃決賽圈。可惜韓國在這一屆賽事還是沒能晉級十六強，他在輸給墨西哥一戰有進球，並在最後一場分組賽以經典的絕殺進球協助韓國擊敗德國。在兩屆賽事射進三球，追平朴智星和安貞煥兩名前輩，並列為韓國在世界盃決賽圈進球最多的球員，所以如果孫興慜在今年的世界盃決賽圈能再進球，就是毫無疑問的韓國世界盃賽史第一人了。

　　踢完了第二次世界盃後，孫興慜的兵役問題到了不得不解決的時候。他只剩下為韓國拿到 2018 年亞運會金牌的機會，如果錯失了這次機會的話，就必須回韓國服二十個月兵役。故此就算熱刺萬分不情願，也要讓他踢完世界盃之後再去印尼參加亞運會。雖然孫興慜表現沒有很出色，還好他的隊友眾志成城，所以韓國最終搶下金牌，孫興慜的兵役問題終於解決，而且在 2020 年初趁著新冠肺炎疫情令英超停擺的空窗期，回到韓國接受海軍訓練，兵役風波圓滿結束。

　　無役一身輕的孫興慜回到熱刺之後跟 Harry Kane 組成世界足壇其中一個最強的進攻組合，他在 2019 年的歐冠分組賽對貝爾格萊德紅星一戰梅開二度，射進個人第 23 個歐洲賽進球，超越前輩車範根躍居在歐洲球會賽事進球最多的亞洲人，這紀

錄稍後繼續刷新，而且保持每個英超賽季都取得雙位數進球。到了 2021/22 年賽季，他取得職業生涯最高的單一賽季 23 個進球，跟利物浦的 Mohamed Salah 一起分享金靴獎，這可是第一位能夠摘下這項殊榮的亞洲人，也令他獲得韓國政府頒發最高榮譽的體育勳章青龍章。

今年孫興慜踏進 30 歲大關，也是競技狀態最巔峰的時候，所以這一次世界盃也將是他為韓國再創奇蹟的最佳機會了。

破風 ｜ 東亞 韓國

奧地利製造的韓國狼王
黃喜燦

　　黃喜燦的球員生涯發展跟孫興慜有點相似，他在少年的時候已經充分展現天才前鋒的能力，不光是在國內的少年組賽事經常進球，是國內知名的少年足球明星，而且代表韓國少年隊比賽也交出成績，比如在韓國 U12 隊去澳洲參加 Kanga 盃邀請賽時，一舉以 22 個進球打破這項比賽的最多進球紀錄，因此回國後獲得韓國足協頒發的車範根獎，也就是韓國最佳少年球員獎。

　　到了中學時代，黃喜燦加入了浦項製鐵的青年軍，在 2013 年的少年南韓職業足球聯賽踢了 12 場比賽就進了 12 球。於是浦項隊準備在黃喜燦成年之後立即給他職業合約，可是來自奧地利的薩爾斯堡卻搶先一步帶走他，所以黃喜燦在完全沒踢過 K 聯賽的情況下便展開了旅歐生涯。

　　到了奧地利之後，由於薩爾斯堡已經是高高在上的奧地利冠軍球隊，所以無法提供足夠上陣機會給黃喜燦，於是先把他外借到 FC Liefering，這支球隊其實是薩爾斯堡的預備隊。對於他來說，這安排是非常好的，因為他可以擁有足夠時間適應奧地利的生活和足球風格。在第一個賽季踢了十三場只進 2 球，不過在第二個賽季就有很明顯的進步，半個賽季踢了十八場就進了 11 球。於是在 2016 年 1 月，薩爾斯堡就把黃喜燦回收自用。

　　在薩爾斯堡並非一帆風順，在回到球隊的前半個賽季，他也只有五次先發上場機會，沒有進球，只有一個助攻，跟同樣來自亞洲的隊友南野拓實在這個賽季進了

10 球有明顯差距。還好到了第二個賽季,適應了成年隊踢法就開始發揮射手本色,踢了 26 場聯賽進 12 球,進球量和上陣次數都超越南野拓實。到了 2017/18 年賽季,在聯賽表現平平,不過在歐洲賽事表現不錯,在歐冠資格賽和歐洲聯賽合共射進 5 球,協助薩爾斯堡史上第一次殺進歐洲大賽的四強。

於是他自然被選進韓國隊在 2018 年世界盃決賽圈的先發主力，可是他和隊友在對瑞典和墨西哥的分組賽表現都不好，最終兩場都輸了。於是在最後一場分組賽對德國一戰，淪為教練團求變的犧牲品，在 55 分鐘才替補上陣。不過踢了 20 分鐘後，黃喜燦竟然又被換下來。雖然韓國在最後階段進球擊敗德國，可是球隊仍然在分組賽出局，對於黃喜燦來說，第一次世界盃之旅肯定不是值得回憶的片段。

世界盃結束之後，黃喜燦被降級到德乙聯賽的漢堡看中，於是以租借身分進軍德國聯賽。可惜他在漢堡的表現普普。結果在 2019/20 年賽季，又回到薩爾斯堡。他在這一賽季大爆發，薩爾斯堡在他、Erling Haaland 和南野拓實組成的三劍客組合強攻之下，以 11 個進球協助薩爾斯堡再奪奧甲冠軍，而且在六場歐冠分組賽取得 3 個進球和 2 次助攻，而在 2020/21 年賽季轉戰到德甲新興強權萊比錫，不過在德甲總是替補上場，幸好他把握機會在德國盃八強和四強都有進球，協助萊比錫打進決賽。

　　到了第二個德甲賽季，首兩場比賽都是替補上場。不過在 2021 年夏天轉會窗
關閉前，他卻獲得英超的狼隊邀請，以租借形式登陸水平更高的英超舞台。黃喜燦
在此猶如脫胎換骨，在英超第一次上場就進球，協助狼隊打平沃特福特。在上半賽
季射進 4 個英超進球，於是狼隊在今年 1 月就決定把他買斷，在 2022 年夏天正式成
為狼隊一員。卡達世界盃將是黃喜燦第二次參賽，如今更加成熟強悍的他將與天王
孫興憨攜手合作，誓要突破重圍為國爭光。

國家圖書館出版品預行編目資料

2022 世界盃足球賽 48 星 / 羅伊, 鄭先萌, 剛田武, 李維,
  喬齊安, 派翠克, 破風作. -- 初版. -- 臺北市 : 臺灣角川
  股份有限公司, 2022.11
    面 ; 公分
  ISBN 978-626-352-138-4 (平裝)

  1. CST: 足球 2. CST: 運動員 3. CST: 世界傳記

528.999   111017940

2022 世界盃足球賽 48 星

作　　者 ＊ 羅伊、鄭先萌、剛田武、李維、喬齊安、派翠克、破風
協力公司 ＊ 大頭有限公司、達志影像
照片提供 ＊ 美聯社

2022 年 11 月 21 日　初版第 1 刷發行

發 行 人 ＊ 岩崎剛人
總　　監 ＊ 呂慧君
編　　輯 ＊ 喬齊安
協力主編 ＊ 許諾輝
協力校對 ＊ 張苑榆、黃蒂蓮
設　　計 ＊ 曖維多媒體廣告行銷股份有限公司
印　　務 ＊ 李明修（主任）、張加恩（主任）、張凱棋

台灣角川

發 行 所 ＊ 台灣角川股份有限公司
地　　址 ＊ 104 台北市中山區松江路 223 號 3 樓
電　　話 ＊ （02）2515-3000
傳　　真 ＊ （02）2515-0033
網　　址 ＊ http://www.kadokawa.com.tw
劃撥帳戶 ＊ 台灣角川股份有限公司
劃撥帳號 ＊ 19487412
法律顧問 ＊ 有澤法律事務所
製　　版 ＊ 鈾川印刷有限公司
Ｉ Ｓ Ｂ Ｎ ＊ 978-626-352-138-4